本书受湖南省自然科学基金青年项目（14JJ3129）、中国博士后基金
和湖南省科技创新团队（开放经济条件下金融风险度量、控制与政策

U0569468

多市场视角下商业银行风险
度量与管理对策研究

DUOSHICHANG SHIJIAOXIA SHANGYE YINHANG FENGXIAN
DULIANG YU GUANLI DUICE YANJIU

罗长青　王　帅　喻凌云◎著

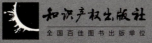

知识产权出版社
全国百佳图书出版单位

图书在版编目（CIP）数据

多市场视角下商业银行风险度量与管理对策研究/罗长青，王帅，喻凌云著.
—北京：知识产权出版社，2016. 12

ISBN 978 - 7 - 5130 - 4497 - 4

Ⅰ.①多… Ⅱ.①罗… ②王… ③喻… Ⅲ.①商业银行—风险管理—研究
Ⅳ.①F830. 33

中国版本图书馆 CIP 数据核字（2016）第 231670 号

内容提要

商业银行是我国金融市场的重要金融机构，其经营是否稳健关系到金融市场乃至实体经济能否健康发展。近年来，商业银行经营环境日益复杂，对风险隐患如果处理不慎，则可能导致商业银行出现经营危机。在此背景下，本书综合考虑商业银行的运营环境，在多市场视角下研究了商业银行的风险管理问题，检验了利率市场、外汇市场、互联网金融市场、资本市场以及信贷市场对商业银行风险管理的影响，并分别基于不同市场视角提出了商业银行风险管理的创新对策，为商业银行的经营管理提供了一定的理论指导与实证依据。

责任编辑：张水华   责任出版：刘译文

多市场视角下商业银行风险度量与管理对策研究

罗长青 王 帅 喻凌云 著

出版发行：知识产权出版社 有限责任公司		网　址：http：//www. ipph. cn	
社　址：北京市海淀区西外太平庄 55 号		邮　编：100081	
责编电话：010 - 82000860 转 8389		责编邮箱：46816202@ qq. com	
发行电话：010 - 82000860 转 8101/8102		发行传真：010 - 82000893/82005070/82000270	
印　刷：北京嘉恒彩色印刷有限责任公司		经　销：各大网上书店、新华书店及相关专业书店	
开　本：720mm×1000mm 1/16		印　张：11. 75	
版　次：2016 年 12 月第 1 版		印　次：2016 年 12 月第 1 次印刷	
字　数：180 千字		定　价：38. 00 元	

ISBN 978-7-5130-4497-4

前　言

近年来，商业银行经营环境日益复杂，其面临的风险因素日益增多，如果对利率市场、外汇市场、互联网金融市场、资本市场以及信贷市场上的风险隐患处理不慎，就可能导致商业银行出现财务危机，甚至可能破产。在次债危机爆发后，美国西部银行、明尼苏达州第一诚信银行等一系列银行的倒闭引发了人们对商业银行经营稳健性的担忧，巴塞尔委员会也因此修改了《巴塞尔资本协议 II》，加强了对商业银行资本监管和流动性监管，以更好地对商业银行风险进行管理。国内商业银行在次债危机和欧债危机中虽然受到的冲击较小，但是，受产业结构调整、经济发展速度放缓、地方融资平台风险传染、股票市场波动、房地产市场调整等因素的影响，一直处于风险较大的状态。2015 年，商业银行不良贷款余额和不良贷款率出现了"双升"，截至 2015 年第 4 季度，不良贷款余额达到 12744 亿元，不良贷款率为 1.67%，较 2015 年第 3 季度末上升 0.08 个百分点，商业银行经营风险有增大的趋势。

商业银行是金融市场的主体之一，其稳健经营程度关系到金融市场的稳定，而且影响经济的健康发展。在此背景下，本书综合考虑商业银行的运营环境，在多市场视角下研究商业银行的风险管理问题，主要研究内容如下。

（1）第 1 章对研究背景和意义进行了分析，并对相关文献进行概述和总结，列出了本书的研究思路和主要内容。

（2）在利率市场视角下，第 2 章探讨了利率变化对商业银行经营风险的影响。在对商业银行利率风险进行理论分析的基础上，基于缺口管理和 GARCH – VaR 模型对商业银行利率风险进行了度量。实证结果表明当前商业银行面临一定程度的利率风险，在市场利率波动较为频繁的情形下，商业银行不能较好地调整其利率敏感性资产和负债的结构。为有效应对利率风险，商业银行应提高利率风险意识，大力发展中间业务，完善资产负债管理，实施多元化经营以及完善国内金融市场建设。

（3）在外汇市场视角下，第 3 章讨论了汇率波动对商业银行经营风险的影响。汇率波动已成常态，且幅度有所扩大，商业银行的汇率风险也呈增大的态势，本书运用 Copula 函数和 GARCH – VaR 模型对商业银行汇率风险进行了度量。研究结果表明，人民币兑美元汇率的上尾相关系数较小，而下尾相关系数较大，说明商业银行应重点关注极端状态下的汇率风险。同时，GARCH – VaR 模型的计算结果表明商业银行单位资产的汇率风险波动较大，在资产持有期内，一单位资产的最高损失超过了 0.05%，商业银行可根据计算出的 VaR 值提前采取汇率风险管理措施，以降低其潜在损失。

（4）在互联网金融市场视角下，第 4 章分析了互联网金融市场的发展对商业银行经营风险的影响。近年来，互联网金融蓬勃发展，已成为金融市场不可忽视的重要组成部分，商业银行等传统金融机构受到了互联网金融的冲击，也开始尝试和探索发展互联网金融。本书从理论和实证等角度分析了互联网金融对商业银行经营风险的影响，运用结构方程模型进行了实证研究，发现互联网金融对商业银行信用卡业务有较强的溢出效应，而替代效应却不明显，即当前互联网金融市场并没有显著增加商业银行的经营风险，这可能是因为商业银行在互联网金融的影响下，积极开展了互联网金融业务，对冲了新兴互联网机构抢占金融市场所带来的负面效应。

（5）在资本市场视角下，第 5 章剖析了资本市场因素对商业银行经营风险的影响。本书从两个方面探讨了资本市场对商业银行经营风险的影响：一方面，讨论了股票市场投资者情绪对商业银行风险承担是否产生影响；另一方面，分析了商业银行股票资产价格的波动风险。实证研究表明，资本市场中的投资者情绪与商业银行风险承担呈正相关关系，即股票市场投资者情绪高涨会提升商业银行风险承担水平，不同时间尺度下的投资者情绪对商业银行风险承担的影响也会有所差异，其中，中期投资者情绪对商业银行风险承担的影响最为显著，而短期或长期的影响则不甚明显。此外，基于 GARCH – VaR 模型的风险度量结果表明，商业银行资产价格波动也会产生较大的风险。

（6）在信贷市场视角下，第 6 章研究了商业银行信贷行为对其社会责任风险的影响。以商业银行社会责任风险为研究对象，重点关注商业银行环境保护和促进社会可持续发展的社会责任，以商业银行是否促进低碳经济发展作为其社会责任风险的间接衡量方式。实证研究结果表明商业银行信贷支持对低碳经济的发展起到了一定的积极作用，商业银行较好地履行了社会责任，其社会责任风险相对较低，但是低碳经济发展的内生机制还未形成，这在一定程度上制约了商业银行进一步履行社会责任的能力和意愿。

本书的最后为研究结论。

在研究过程中，我们参考了大量文献，前辈们的研究成果给了我们有益的启示，在此一并表示感谢。在研究过程中，英国卡迪夫大学的卢彦霖、暨南大学的王颖和湖南商学院的陈鑫磊等学生也参加了相关研究工作，作者对他们的工作表示感谢。此外，作者特别感谢知识产权出版社对本书出版所给予的支持和帮助。

本书还存在不足之处乃至疏漏和错误，恳请相关专家和读者批评指正。

罗长青　王　帅　喻凌云

目　录

图索引

表索引

第1章 绪 论

1.1 研究背景与意义

随着金融市场的发展，商业银行的经营环境日益复杂。利率市场化已完成，外汇市场逐渐放开，利率和汇率两大基本的市场价格因子对商业银行的影响越来越大。资本市场与商业银行的联系也在增加，16家上市商业银行总市值已超过6万亿元，资本市场价格波动直接影响上市公司的经营决策。与此同时，互联网金融的强势崛起也给商业银行带来了冲击，商业银行的信贷业务等传统业务受到了P2P等互联网金融创新的影响。此外，由于产业结构调整和环保、可持续发展理念的影响，商业银行信贷市场的经营策略也发生了变化，在经营过程中需要考虑环境保护的影响和履行社会责任等。

当前，国内利率市场化已基本完成。在日益繁荣的全球金融市场中，整个利率体系都与各个金融机构、投资者的利益紧密地联系着。现代经济社会对利率的反应越来越敏感，利率体系的变化也从侧面体现了一个国家的经济发展战略。中国为应对全球金融环境的变化，从1986年开始至今进行了多样的市场化改革。在市场化改革的过程中，如何使商业银行的利率风险在利率市场化逐渐深入的今天可以更科学、更准确地被测量，同时，寻求合适的措施以缓解利率市场化过程中的利率风险，是一个值得关注的问题。目前，我国的利率市场化改革已基本完成了外币存贷款、货币市场和债券市场部分。2012 年 7 月 6 日，中国人民银行两次调整存贷款利率，同时允许存款利率调整上限为 10%，贷款利率调整的下限是基准利率的 70%。2013 年 7 月央行又取消了贷款利率限制，在 2013 年 11 月的十八届三中全会中李克强总理提出："继续推进利率市场化。"随后在 2015 年 5 月 11 日中国人民银行将利率下调 0.25%，从 2015 年 10 月 24 日起，央行下调金融机构人民币贷款存款基准利率和存款准备金率，另对商业银行和农村合作金融机构等不再设置存款利率浮动上限，这标志着中国商业银行利率市场化基本完成。在连续的利率调整后，我国商业银行的经营管理也会受到一定的影响。所以，如何制订更好的经营模式来应对利率风险成为我国商业银行经营管理者普遍关注的问题。

在外汇市场方面，我国的对外贸易逐年增加，国内商业银行的外汇业务也因此增加，但我国商业银行的人民币业务和人民币资产在其运营中还是占主体地位，所以我国商业银行的外币资产占银行总资产的比例相对较低。汇率制度的改革，使得人民币面临升值压力，2005 年 7 月 21 日 19 时，中国人民银行宣布美元/人民币官方汇率由 8.27 调整为 8.11，人民币升幅约为 2.1%。央行同时还宣布废除原先盯住单一美元的货币政策，开始实行以市场供求为基础、参考一篮子货币进行调节、有管理的浮动汇率制度。2010 年 6 月 19 日，中国央行决定进一步推进人民币汇率形成机制改革，增强人民币汇率弹性。2015 年 12 月 1 日，IMF（国际货币基金组织）正式宣布，人民币 2016 年 10 月 1 日加入 SDR（特别提款权）。IMF 总裁拉加德在发布会上表示："人民币进入 SDR 将是中国经济融入全球金融体系的重要里程碑，这也是对于中国政府在过去几年在货币和金融体系改革方面所取得的进步的认可。"随着汇率制度的改革，人民币汇率波动幅度逐渐增大（如图 1-1 所示），国内商业银行业也会因为汇率的不稳定而遭受汇率风险，进而可能造成一定的资产损失。

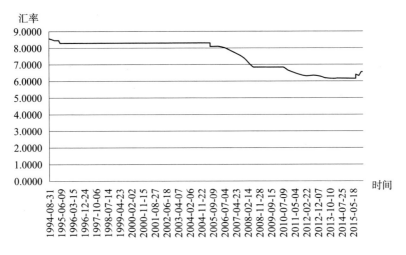

图 1 - 1 人民币兑美元汇率波动图（1994/8/31—2016/2/15）

在资本市场方面，商业银行与资本市场的联系在逐渐增强，目前已有平安银行、宁波银行、浦发银行、华夏银行、民生银行、招商银行、南京银行、兴业银行、北京银行、农业银行、交通银行、工商银行、光大银行、建设银行、中国银行、中信银行 16 家商业银行在深圳证券交易所和上海证券交易所上市交易，日成交额达 50 亿元，截至 2016 年 2 月 15 日，上市商业银行市值达到 68463 亿元（各商业银行市值参见图 1 - 2）。商业银行在资本市场的活动也较为频繁，2015 年，平安银行和南京银行分别在资本市场再融资 99 亿元和 79 亿元。同时，由于商业银行在资本市场参与程度逐渐提升，也引发了投资者对其的关注，商业银行业的业务开展也需考虑投资者情绪的影响，在此背景下，商业银行受到资本市场多方面的冲击。

在互联网金融市场方面，近年来，随着互联网技术在金融领域的应用日益深入，大数据、云计算、社交网络等新兴互联网技术正逐渐改变传统金融业务。以第三方支付、互联网理财、P2P 为代表的互联网金融是科技进步和金融管制放松的内在产物。在金融创新的背景下，互联网金融发展迅速，根据《中国支付清算行业运行报告（2015）》，在 2014 年，P2P 网络借贷成交金额 3291.94 亿元，支付机构共处理互联网支付业务 215.3 亿

（单位：亿元）

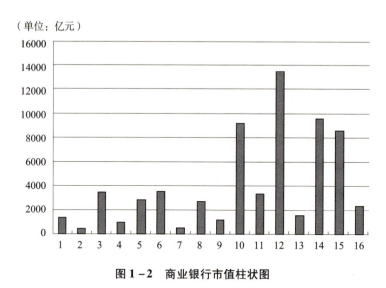

图 1 - 2　商业银行市值柱状图

注：1～16 分别代表平安银行、宁波银行、浦发银行、华夏银行、民生银行、招商银行、南京银行、兴业银行、北京银行、农业银行、交通银行、工商银行、光大银行、建设银行、中国银行、中信银行。

笔，业务余额高达 17.05 万亿元。在互联网金融强势发展的背景下，传统金融机构的业务可能会受到多方面的影响。一方面，互联网金融成了金融业界的热点，引领了金融业的发展，提供了技术进步和金融创新的动力；另一方面，互联网金融也可能会挤占传统金融机构的业务，与商业银行等传统金融机构展开正面竞争，商业银行的业务经营也因此受到了互联网金融的影响。

在商业银行信贷市场方面，随着产业结构的调整和环保理念的深入人心，银行业逐渐调整了其经营策略，限制了高能耗、高污染等行业的信贷投放，加大了对绿色环保产业和新兴高科技产业的投资。一些银行，如兴业银行等开始实施赤道准则，该准则适用于总投资 1000 万美元以上（含 1000 万美元）的新项目融资，可能对环境和社会产生重大影响的旧项目扩容和更新现有设备有关的项目融资以及项目融资财务咨询服务等。在赤道准则下，要求金融机构在向一个项目投资时，要对该项目可能对环境和社会产生的影响进行综合评估，并且利用金融杠杆促进该项目在环境保护及周围社会和谐发展方面发挥积极作用。由此，商业银行的经营风险得到了延伸，其风险来源不仅仅包括市场风险等，而且还包括是否履行社会责任，以及履行社会责任过程中所带来的声誉风险等，这些新的变化引起了商业银行的关注。

商业银行是金融市场的主体之一，特别是在间接融资比重较大的中国金融市场，商业银行更是具有举足轻重的地位。截至 2014 年 12 月 31 日，商业银行总资产达 134.8 万亿元，比 2013 年末增加 16.0 万亿元，同比增长 13.5%，资本充足率为 10.76%，不良贷款率仅为 1.25%，商业银行显现出较好的发展势头。然而，当前商业银行风险因素较多，经济增长速度放缓、地方融资平台风险逐渐暴露、产业结构的调整、互联网金融的冲击以及金融脱媒带来的经营压力等都给商业银行带来了一定的风险隐患，商业银行的经营环境由过去相对稳定转变为复杂多变，其对风险承担的管理难度也大为增加。如何更好地对商业银行风险承担进行管理是业界和学界共同关心的问题之一。

全面风险管理的理念逐渐在商业银行的管理过程中落实，不论是从微观角度的稳健经营，还是从宏观角度保持金融市场的稳定来看，商业银行有必要关注各个金融子市场的风险，对每个市场的风险进行识别、度量和管理。有鉴于此，本书以商业银行风险为研究对象，分别在利率市场、外汇市场、资本市场、互联网金融市场以及信贷市场等视角下，对商业银行的风险度量及其管理对策展开研究。研究结论将在一定上丰富商业银行风险管理的理论与方法，同时对维护金融市场稳定、提高商业银行风险管理水平也具有一定的借鉴意义。

1.2 相关文献综述

1.2.1 商业银行利率风险管理的相关文献综述

20 世纪 70 年代之前，许多国家的中央银行都管制着本国的利率水平及结构。当时，各个国家的商业银行基本忽视由利率变动所造成的收益风险，都更侧重于防范信用风险。从 20 世纪 70 年代开始，随着利率市场化的发展，各国商业银行所面临的利率风险趋于严重化。各商业银行、管理机构和学术界都对利率风险管理知识和实践给予更多的关注。在利率风险认识方面，Flanery（1984）经过实证研究提出不同银行有不同的资产负债期限特征。即使是有同样的资产负债期限匹配结构，在相同的利率波动下，不同的银行的盈利情况也各不相同。Kunt 和 Detragiache（1998）在他们的计量模型中得出结论，如果银行的利率处于管制状态下，那么他遭遇利率风险的概率是很小的。Ahmed，Beatty 和 Bettinghaus（2004）等验证出银行的资产与负债的缺口与利率风险有着密切的联系，并且得出缺口值大小的变动和银行的净利息收入变动成正比关系。Brick（2012）将利率风险管理的过程分为四部分：识别、测量、控制和监控。在利率风险衡量方法模型方面，Booth（1989）建立了以久期缺口为基础的两阶段利率风险管理模型。Besller（1994）建立了既可以调整久期缺口又可以同时优化风险回报的利率风险模型。Chew 和 Lilian（1995）详细地归纳了 VaR 法的计算模型分类，包括历史模拟法、蒙卡罗模拟法和参数计算法。Wetmore 和 Brick（1990）建立了规避风险的市场价值最优化模型，同时也提出了最优缺口的概念。Sonlai（1997），Hassan（1997）和 Vil（2001）的实证研究证实了缺口模型在美国的商业银行有较好的风险管理效果。综上所述，国外学者都是从宏观方面对利率风险管理进行研究，基本上都将利率的波动和商业银行的风险管理建立了联系。所以，在利率市场化进程中，商业银行要重点关注利率风险的管理问题，也可以借鉴国外的一些研究来对商业银行的利率风险进行管理和防范。

20 世纪 90 年代末，中国人民银行为了调控当时的宏观经济曾连续七次下调利率，我国商业银行逐渐认识到在利率连续下降的情况下产生的利率风险。随后，国内开始利率市场化改革，利率风险得到了更多的关注。在利率风险认识方面，吕耀明和林升（1999）分析了由利率变动而产生的商业银行的利率风险的种类，包括经营收益风险、潜在选择权风险、法律风险和体制风险。同时他们还提出了利率风险管理的措施，主要有健全监管体系、实施资产负债管理办法和建立利率管理目标体系。黄金老（2001）根据我国利率风险持续的时间长短将利率风险分为阶段性风险和恒久性风险。在利率风险分析及管理方面，王自力和宴彦（2005）指出，如果商业银行的利率敏感性缺口长期为负，那么利率一旦上升商业银行就会遭受较大的损失。同时，利率上升会给银行的风险管理带来不确定性。何来伟（2009）结合我国实际情况，提出我国可以利用利率衍生产品来约束利率风险带来的危机。耿甜甜（2012）提出金融创新是解决利率风险必须采取的措施。王帅（2012）从实证角度分析了我国的利率市场化的推进对商业银行盈利水平的影响。樊志刚和胡婕（2012）全面分析了在利率市场化过程中商业银行的经营与发展所受到的影响。在利率风险衡量方法模型方面，莫慧琴（1999）指出利率风险是利率风险暴露与市场利率波动性的函数，并提出如果要更好地测量利率风险就要从利率风险暴露和利率波动两方面进行。王霞和吴健中（1999）建立了仿真模型，测试了商业银行资产负债结构抵抗利率风险的能力。戴国强（2005）用回归分析方法分析了我国商业银行内涵期权风险及金融衍生工具方法在我国商业银行利率风险管理中的可行性。刘艳萍、王婷婷和迟国泰（2009）论述了在我国商业银行利率风险管理过程中，以久期模型为基础的利率风险免疫模型是具有可行性的。虽然我国经济学术界对于商业银行利率风险管理的研究逐渐变多，这些研究对商业银行的利率风险管理也有些启发，但这些研究的假设条件都太过于理想化，不能完全与我国实际的利率市场化情况相适应。

1.2.2　商业银行汇率风险管理的相关文献综述

针对 1877 年经济危机中大量银行出现倒闭的现象，马克思提出了"银行体系内在脆弱性假说"。Fisher 在《繁荣与萧条》一书中根据 1929—

1933 年的金融危机，从实体经济的周期性出发来解释银行体系的脆弱性问题，提出了"债务—通货紧缩理论"，该理论认为银行业的脆弱性与宏观经济周期有紧密联系，尤其是银行脆弱性与债务的关系更密切。Hyman P. Minsky 从一般公认角度提出金融体系不稳定性理论，在《金融体系内在脆弱性假说》一书中对金融体系的脆弱性问题做出了系统的解释，形成了"金融脆弱性假说"，并深入地研究了银行体系的脆弱性问题。

20 世纪 60 年代以来，随着金融体系不断迅速拓展，金融工具持续创新，金融在经济发展中的地位逐渐加重，成为整个经济体系的核心之一。20 世纪 70 年代初期，金融发展和金融深化理论有了重大突破，麦金农和肖分别出版了《经济发展中的金融深化》和《经济发展中的货币与资本》两部著作。这两部著作论证了就业与经济增长、金融深化与储蓄的正向关系，指出"金融压抑"是造成发展中国家经济欠发达的原因。因此，主张发展中国家应该通过金融自由化的方式以实现金融深化，进而促进经济增长。对于发展中国家而言，金融开放也伴随着外汇市场的发展与开放。国际外汇市场早已发展成熟，相关文献也较多。Domac 和 Peria（2003）弥补了前期研究没有对汇率体制对银行危机的成本和久期做出衡量的不足，通过研究不同汇率体制下的发达国家和发展中国家的历史数据得出结论，固定汇率制有利于减少发展中国家银行危机发生的可能性。Kawamura（2007）则根据两种商品和预支现金的约束条件，分析了银行、汇率体制和货币政策之间的影响。在汇率风险计算测量方面，摩根风险管理集团（1994）作为国际上对 VaR 的研究逐步走向成熟的开始标志，率先提出了用于量化市场风险的 Risk Metrics（均值—方差模型），同时对该方法的原理和具体算法进行了系统总结。Sahminan（2007）分析了印度尼西亚汇率贬值对商业银行的影响。Kasman，Vardar 和 Tunç（2011）讨论了利率和汇率的波动对商业银行股票收益率的影响，并以土耳其金融市场的数据进行了实证研究。

　　国内学者对金融开放和外汇市场的研究相对较晚。鄂志寰（2000）指出，各类资本持续流入在推动金融深化、扩大金融市场规模、提高金融市场效率的同时，也带来了金融体系波动性上升及金融市场动荡频繁爆发等问题，特别是当银行的资产负债结构不合理时，大规模资本流入使银行的流动性出现大幅波动。银行贷款膨胀的收缩时期交替出现，引起影响全局的风险，甚至导致金融危机的爆发。王曙光（2002）认为，外资银行进入中国市场，对国内银行业的影响表现在四个方面：丧失优势客户资源、引起存款分流、发生人才争夺战、中间业务的流失。刘士余通过对各国银行危机的分析，认为银行危机会直接影响一国的实体经济、财政和货币政策、国际收支平衡和汇率波动，因此应该通过构筑金融安全网来防范和管理金融危机。崔鸿发（2004）分析了利率、中央银行的货币市场干预、投资者投机行为等短期因素对汇率变动的影响，并阐述汇率变动对跨国银行的影响。王凯（2005）系统论述了汇率改革后，我国商业银行面临的资产与负债的汇率风险敞口、资本金的保值、外汇资金的供求失衡、中间业务的汇率风险等问题。涂永红（2004）则给出了商业银行管理外汇头寸的具体方法和相应的操作步骤。张晓朴（2005）指出，汇率改革于我国商业银行改革既是挑战又是机遇。挑战主要来自汇率变动使得银行账户的外汇风险增大，客户的外汇贷款信用风险扩大以及金融衍生产品的风险控制难度增加；机遇主要是风险问题迫使我国商业银行不得不加强汇率风险管理能力，开展更多的外汇业务，进而使我国商业银行的经营能力得到提升。王璐和王艳芹（2006）论述了汇率风险的成因及类型，提出了汇率风险衡量的三种方法，即敞口衡量、风险价值 VaR 方法衡量和情景分析。夏至琼（2005）认为汇率改革之后，商业银行应加强对汇率变动的应变能力，具体措施有：一是应强化资产配置，二是应加强汇率风险管理，三是积极为企业提供服务，四是加快金融创新。谢赤等（2012）构建了一个时变多元 Copula 模型，并运用 Monte Carlo 模拟技术计算 VaR，以期更准确地度量人民币兑美元、欧元、日元和港元 4 种汇率可能给商业银行带来的风险，其实证结果表明人民币兑各主要货币汇率之间的相关结构以时变方式变动，基于时变多元 Copula – VaR 的商业银行汇率风险的度量效果更好。陆静和杨斌（2013）采用 VaR – GARCH（1，1）模型，选取 2003—2009 年人民币兑四种外汇的交易数据度量了商业银行外汇资产组合的风险，研究发现，外汇收益率具有尖峰特征，欧元和日元收益率服从正态分布，用 VaR – GARCH（1，1）估计的欧元和日元外汇资产组合的最大潜在损失约为上一交易日市场价值的 0.05%。斯文（2014）以我国 16 家上市商业银行 2006—2012 年 87 组数据为样本，实证检验了外汇衍生品对人民币汇率风险暴露的影响，外汇衍生品对银行汇率风险暴露系数产生了显著的正效应，有效地缓解了人民币升值带来的负面冲击。刘飞和郑晓亚（2015）发现正态分布假设下的 VaR 显著低估汇率风险，而非对称拉普拉斯分布在度量汇率收益率在险价值方面更为有效。

国内的外汇市场发展尚不成熟，针对商业银行风险管理的相关文献也还较少，所以对于我国外汇市场逐渐市场化的状态下，应针对商业银行的外汇风险管理展开更多的分析与研究。

1.2.3　互联网金融对商业银行经营风险影响的相关文献综述

针对互联网金融这一新兴的商业模式，不少学者对其形式、表现及其作用展开了研究。在互联网金融及其影响方面，Berger（2008）对现有的电商平台 P2P 业务作为新兴的金融中介机构的作用进行了探讨和描述。Terry 等（2012）预计在未来 5 年时间内，全世界的互联网金融移动支付将保持年均 42% 的增速。谢平和邹传伟（2012）较早分析了互联网金融的模式，他们认为以互联网为代表的现代信息技术对人类经济社会的金融模式产生根本性的影响，这种新兴的模式与传统意义上的商业银行间接融资以及资本市场的直接融资不同，是一种新的融资模式。

在互联网金融对商业银行的经营影响方面，李渊博和朱顺林（2014）基于我国 2007 年 3 月至 2014 年 3 月 8 年间 23 个省份所构成的省级面板数据，运用单位根检验、协整分析、误差项修正模型等对我国互联网金融创新与商业银行经济发展的长期与短期因果关系进行了实证研究，结果表明，互联网金融创新是未来商业银行经济发展的长期单向原因，并显现出其对传统商业银行金融模式的替代效应。

王锦虹（2015）发现互联网金融对商业银行负债影响较大，因而对商业银行盈利产生较大影响；对资产类和中间业务的影响较小，因而对商业银行盈利所产生的影响也较小，因此，不可忽视互联网金融在这两个方面对商业银行盈利能力的影响。郝身永和陈辉（2015）的理论和实证分析表明，互联网金融在当前已经对传统商业银行的存款、贷款和中间业务产生了一定的冲击，但更多的是激发了各项业务内部结构的调整。郑志来（2015）对零售业与商业银行商业模式的相似性进行比较研究，并基于"互联网＋零售"对传统零售业经营业绩、商业模式的影响视角来分析互联网金融对商业银行的影响，研究发现互联网金融对商业银行在负债业务、中间业务、资产业务三大块产生深刻影响，从而引起金融脱媒并危及商业银行经营业绩、商业模式，其影响路径与零售业具有相似性。沈悦和郭品（2015）认为互联网金融通过技术溢出效应，显著提升了我国商业银行的全要素生产率，但不同类型的商业银行对互联网金融技术溢出的吸收能力具有差异：股份制商业银行的吸收能力最强，城市商业银行次之，大型商业银行较弱。一些学者专门针对互联网金融对商业银行信用卡业务的影响进行了分析，Nash 和 Sinkey（1997）分析了竞争、风险等因素对商业银行信用卡业务的影响。Shu 等（2012）运用社会判断理论和 Cialdini 劝说模型讨论了消费者态度对网络信用卡业务的影响。Dilek 等（2012）认为信用卡市场是双边市场，竞争结构是对商业银行信用卡业务开展的重要影响因素。Singh（2013）开发了信用卡业务的风险调整收益模型，发现信用卡业务的客户关系管理对其收入有重要影响。黄纯纯（2006）在国内较早对信用卡业务管理进行了研究，从网络经济学的角度构造了一个两阶段的防降价模型，对比政府推行 POS 机标准前后不同规模的银行收益的变动情况。方匡南等（2010）将改进后的非参数随机森林分类（RFC）方法应用到信用卡信用风险的评估中，发现职业、年龄、家庭人口数、月刷卡额、学历、家庭月收入对信用风险有显著影响。沈丽和于华阳（2010）提出信用卡市场有效差异化策略的判断标准，构建了有效产品差异化竞争的品牌经济模型。廖理、沈红波和苏治（2013）重点关注居民的住房特征对信用卡消费信贷的影响。楼永和王瑞（2014）通过防降价均衡模型估计出2010—2012年国内九家上市银行的信用卡转换成本，并对网络规模扩张、转换成本定位和竞争成效等进行分组比较。段超良（2015）提出信用卡业务应进行互联网化转型。王星、金淳和李延喜（2015）提出商业银行应运用数据挖掘技术精准识别高盈利客群、科学预估客户的盈利水平、合理配置营销资源以实现客户终身价值最大化。

已有文献虽然分析了互联网金融自身发展及对传统金融的影响，并且探讨了商业银行信用卡业务的发展对策，但对互联网金融是否增大了商业银行经营风险这一问题，目前还较少有文献进行研究，本书将以商业银行信用卡业务为例，运用上市公司相关数据实证检验互联网金融对商业银行经营风险的影响。

1.2.4 资本市场对商业银行风险影响的相关文献综述

自股票市场创建以来，商业银行逐渐受到了资本市场的影响，一些学者对此问题进行了相关研究。于渤和高印朝（2005）运用 F－O 模型（剩余收益定价模型），考察了 1999 年以来中国上市银行股票市场定价与会计信息的价值相关性，研究了剩余收益和净资产两个变量对股价的解释能力。段军山（2006）的研究表明上市银行脆弱度与上证综合指数的相关性在 5% 水平上显著，所以应该采取措施疏通货币市场与股票市场正常的资金联系，并且加强对商业银行的审慎管理。王欣欣（2008）研究了股票市场发展对银行间市场的影响。陆岷峰（2008）认为中国的股票市场与商业银行同属于金融体系，两者是同一个水脉的两个湖泊，其关联度极高，都属于高风险的区域行业，无论哪一方发生危机都可能会诱发对方的行业性危机，从而放大危机效应。单春红和刘付国（2008）的研究表明我国银行资金与股市资金存在较强的关联度，应疏通货币市场与资本市场的正常联系，提高透明度，预警股市的急剧波动，加强银行的审慎管理。李春林和梁艳（2012）计算了16家上市银行股票的 Hurst 指数，结果显示每只股票的 Hurst 指数均大于0.5，这表明上市银行股票市场具有明显的分形特征，不属于有效市场假说（EMH）所描述的有效市场。陈巧玉（2012）根据中国五大商业银行 A 股股票的日收盘价，借助 MCMC 仿真法，采用 SV - MT 模型对"工农中建交"五行股票日收益率的波动特征进行实证分析，研究结果表明，中国银行股票日收益率的波动水平远高于其他四大商业银行，建设银行和交通银行的波动水平相当，工商银行次之，农业银行最小，各银行股票日收益率的波动对冲击的反应均有很强的持续性。尹迪和沈伟志（2015）讨论了我国股票价格波动性形成的机制，对波动性的成因进行了分析，通过计量模型对我国6家商业银行股票的波动性进行了实证分析。巴凯（2015）分析了银行间同业拆借市场和股票市场相关性的基础及相关理论，并进行相关性实证分析，认为应当加强两个市场的交流和联系，大力发展股票市场。李国祥和王亚君（2015）选取银行不良贷款率来衡量银行脆弱性，并通过 VaR 模型、脉冲响应函数、方差分解等方法对股市波动与银行脆弱性进行定量分析。实证结果表明，股票市场波动会直接或通过房地产市场、通货膨胀等途径对银行脆弱性形成反向冲击，即股市上涨将降低银行的脆弱性。

1.2.5 商业银行社会责任的相关文献综述

商业银行作为一类特殊的企业，需要关注利益相关者的诉求，近年来，一些学者开始关注商业银行的社会责任履行情况。姚素梅（2013）指出"赤道原则"倡导金融机构对于项目融资中的环境问题应尽到审慎性核查义务，只有在融资申请方面能够证明项目执行对社会和环境负责的前提下，才能提供融资，该原则已成为各国银行可持续金融运行的行动指南。李叶和赵洪进（2013）以 2008—2012 年间 10 家中国上市商业银行为样本，实证检验了商业银行社会责任与财务绩效之间的关系，研究结果发现，商业银行社会责任与财务绩效之间存在社会影响假说和可利用资金假说。胡挺和王继康（2014）从智能风险管理视角，融入智能分析工具，构建银行社会责任风险管理框架，以实现风险的事前、事中和事后控制。王清刚、沈继锋和张杰芳（2015）研究了商业银行履行和管理社会责任的现状、面临的主要风险，并有针对性地给出应对措施。朱蓉和徐二明（2015）的研究结果表明社会责任战略在银行高管政治关联与企业经济绩效之间起中介作用，因此，在制度安排上实现银行高管的政治关联，有利于银行推进社会责任战略和绿色金融战略，并通过金融杠杆推动产业结构调整，最终促进商业银行和国民经济的可持续发展。萧松华和邵毅（2014）认为企业履行社会责任可以创造价值，商业银行作为特殊的企业，其社会责任的利益相关者可分解为社区、雇员、自然环境与公司治理四个维度。朱文博（2015）以社会捐款作为主要考察指标，采用 2010—2012 年的样本数据，运用 DEA 方法对我国商业银行的经济效率进行评价，研究结果发现，商业银行在对社会有捐款情况下的经济效率明显优于在没有对社会进行捐款情况下的经济效率，这表明社会捐款有助于提升我国商业银行的经济效率。林雯雯（2015）认为随着全球经济不断发展和社会不断进步，社会责任运动已经在世界各地广泛开展，当前，由于全球气候变化，"低能耗、低污染、低排放"的低碳经济模式逐渐引起了世界各国的重视，商业银行在追求商业利益的同时需积极应对全球气候变化，在履行社会责任的同时，还应顺应低碳经济的时代潮流，加速推动绿色信贷等低碳金融服务在我国的实行，实现我国经济结构的重大转变。伍伦（2015）以第一大股东持股比例作为股权集中度的代理变量，利用我国上市银行 2008—2012 年的面板数据实证分析了股权集中度、商业银行社会责任与企业价值之间的关系。研究结果显示，第一大股东持股比例与银行社会责任显著正相关，第一大股东持股比例越高，商业银行履行社会责任程度越高，商业银行履行社会责任会显著提升当期及滞后一期的企业价值。已有研究表明商业银行履行社会责任能够在一定程度上提高其经营绩效，大多数学者关注商业银行在环境保护和实现绿色发展等方面的社会责任。本书从商业银行的信贷结构出发，判断商业银行的信贷支持是否促进了低碳经济的发展，从而度量商业银行的社会责任风险，即商业银行信贷总量促进了低碳经济的发展，则商业银行具有较小的社会责任风险，反之则具有较大的社会责任风险。

1.3　研究思路和主要内容

以商业银行风险为研究对象，《中华人民共和国商业银行法（修正）》（附录 A）第一章第二条规定："商业银行是指依照本法和《中华人民共和国公司法》设立的吸收公众存款、发放贷款、办理结算等业务的企业法人。"《中华人民共和国银行业监督管理法》（附录 B）第一章第二条规定："银行业金融机构，是指在中华人民共和国境内设立的商业银行、城市信用合作社、农村信用合作社等吸收公众存款的金融机构以及政策性银行。"同时，该条款还规定："对在中华人民共和国境内设立的金融资产管理公司、信托投资公司、财务公司、金融租赁公司以及经国务院银行业监督管理机构批准设立的其他金融机构的监督管理，适用本法对银行业金融机构监督管理的规定。"本书所指的商业银行限定为《中华人民共和国商业银行法（修正）》中的定义，所得到的结论可以为《中华人民共和国银行业监督管理法》所定义的银行类金融机构提供相应参考。本书在多市场视角下对商业银行风险进行度量，并提出相应的管理对策，研究思路如图 1-3 所示。

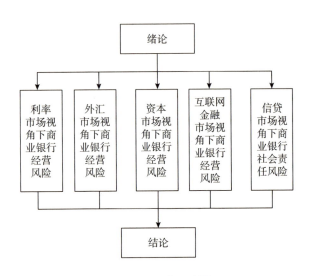

图 1-3 研究思路图

  在此研究思路下，本书在多市场视角下对商业银行风险进行度量，主要研究内容安排如下：第 1 章为绪论，介绍本书的研究背景与意义、相关文献综述，并提出研究思路与主要内容；第 2~6 章分别从利率市场、外汇市场、资本市场、互联网金融市场和信贷市场视角出发，度量不同类型的商业银行风险，并为商业银行风险管理提出相关对策和建议；最后为研究结论。

第2章 利率市场视角下商业银行经营风险度量及管理对策分析

目前，我国大多数商业银行都以利息收入作为营业收入的主要来源之一，在利率市场化的背景下，利率频繁的变动使商业银行承受的利率风险逐渐变大。所以，提高利率风险的管理水平是我国商业银行在利率市场化改革过程中更好地发展的内在要求。商业银行利率风险管理的好坏将直接影响其经营业绩。虽然从我国银行业的现状来看，商业银行已逐步意识到利率风险管理的严重性，也在逐渐加强利率风险管理。但是，在实际操作中，还有很多不足之处需要改进。本章对商业银行利率风险管理进行理论分析，并分别运用缺口管理和 VaR 方法在利率市场视角下对商业银行经营风险进行度量，并提出相关对策。

2.1 商业银行利率风险管理的理论分析

2.1.1 利率风险的定义

利率风险是指利率的不定向波动造成的商业银行收益减少。利率风险的形成过程如图 2-1 所示。

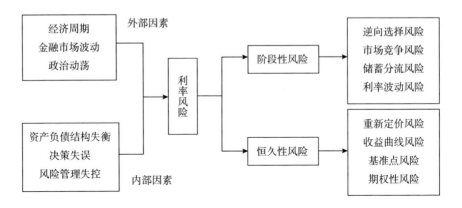

图 2-1 利率风险的形成及表现

2.1.1.1 阶段性风险

商业银行的阶段性风险是由利率的频繁波动造成的。其主要有以下几种：

（1）逆向选择风险。在政府连续调整利率的情况下，人们可能会预测将来某一段时间的利率仍然会上升。那么在这种情况下大额的借款人会趋于向银行借款，而一些小额的借款人就会放弃向银行借款。这将会使银行的信贷风险增加，从而产生逆向选择风险。

（2）市场竞争风险。在利率市场化的过程中，商业银行之间会展开越来越剧烈的竞争。这种竞争会使得各个商业银行开发创新的用于利率风险管理的金融工具之间的利差逐渐趋于零。虽然，近几年我国商业银行存贷利差呈现扩大的趋势，但是这种利差会随着利率市场化的推进逐渐缩小。而这个现象会给以净利息收入为营业收入主要来源的商业银行带来不同的利率风险。

（3）储蓄分流风险。由于利率管制，我国金融产品创新极少，可供选择的投资产品种类单一。消费者不能按照自己的偏好选择投资产品，从而使得消费者将大部分的钱存进商业银行。但是，随着中国金融环境的改变，金融创新产品会越来越多，居民也有了更多的投资组合可以选择。这样商业银行就会流失大量的居民储蓄存款，从而会造成一定的消极影响。

（4）利率波动风险。商业银行如不能适应利率市场化条件下的利率波动，将可能会使其净利息收入降低。

2.1.1.2　恒久性风险

恒久性风险是指市场机制形成后，商业银行受利率波动影响形成的利率风险。恒久性风险包括以下几种：

（1）重新定价风险。重新定价风险是指商业银行的资产与负债的重新定价时间或者到期时间的不同而造成的风险。因为在利率发生变化时，一些不相配的重新定价资产或负债会让银行的收益变动方向变得不可预测。

（2）收益曲线风险。长期利率高于短期利率在政策趋势上来看是一般性规律，所以一般这种情况下，商业银行都会得到利差收益。但是如果政府改变使得短期利率高于长期利率，这样会导致商业银行失去利差收益。在利率市场化进程中，长短期利差会逐渐缩小，这样商业银行的收益就会变少，甚至可能会造成损失。

（3）基准点风险。基准点风险是指商业银行面临存贷款利率调整幅度不一致的情况时利差收入会受影响的风险。当前，我国存贷款利差还比较大，随着利率市场化的推进，这种利差会逐渐变小。同时，存贷款利率的不同变化会给商业银行的收入带来不同的影响，具体情况如表 2-1 所示。

表 2-1　存贷款利率不同变动程度下商业银行利差收入变化

存贷款利率变动	商业银行利差收入变化
存款利率上升，贷款利率下降	减少
存款利率与贷款利率均上升，且存款利率的上升幅度大于贷款利率	减少
存款利率与贷款利率均上升，但存款利率的上升幅度小于贷款利率	增加
存款利率下降，贷款利率上升	增加
存款利率与贷款利率均下降，且存款利率的下降幅度大于贷款利率	减少
存款利率与贷款利率均下降，且存款利率的下降幅度小于贷款利率	增加
存款利率与贷款利率不变动或同步变动	不变

（4）期权性风险。期权性风险来源于商业银行的期权产品。在我国，客户可以根据自己的情况决定是否提前行使自己购买期权时所约定的权利。在利率的不同变化方向下，投资者会有不同的行动，而这种无法预计的投资者的行为会增加商业银行的经营风险。

2.1.2　商业银行利率风险管理的基本流程

利率风险管理，是指商业银行为减小利率风险带来的损失而采取的一种管理方式。利率风险管理是银行资产负债管理的核心内容。利率风险管理的过程如图 2 - 2 所示。

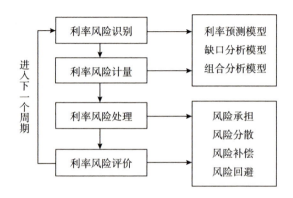

图 2 - 2　利率风险管理过程

风险识别是指商业银行认识和把握风险产生的原因、特点和形成机制，并同时判断出风险的类型。风险计量则是对商业银行的利率风险及发生概率进行测量，并估测出该风险对商业银行造成的影响。风险评价是评估风险识别和风险计量，检验前两个步骤是否达到应有的效果。

2.1.3　利率风险度量的方法

计量利率风险的方法主要包括敏感性缺口分析、持续期缺口分析和 VaR 模型三种方法。

2.1.3.1　敏感性缺口分析法

敏感性缺口分析是针对银行资产与负债受利率波动而引起的不确定性利率风险进行的测试方法。利率敏感性缺口主要用利率敏感性缺口和利率敏感性比率对商业银行的利率风险进行测量。

（1）利率敏感性缺口。利率敏感性缺口是在确定的计算期内，将要到期或重新定价的资产和负债之间的差额用公式表示为

$$GAP = IRSA - IRSL \tag{2.1}$$

其中，GAP 指的是利率敏感性缺口；$IRSA$ 指的是计算期内的利率敏感性资产；$IRSL$ 指的是计算期内的利率敏感性负债。

（2）利率敏感性比率。利率敏感性比率是利率敏感性资产与利率敏感性负债的比值，其计算公式是

$$\lambda = IRSA/IRSL \tag{2.2}$$

其中，λ 指利率敏感性比率，$IRSA$ 指利率敏感性资产，$IRSL$ 指利率敏感性负债。当 $GAP > 0$，$\lambda > 1$ 时，为正缺口；反之，若 $GAP < 0$，$\lambda < 1$，则为负缺口；当 $GAP = 0$，$\lambda = 1$ 时为零缺口。表 2 - 2 描述了利率敏感性缺口与其他变量的关系。

表 2 - 2　利率敏感性缺口、利率变动以及净利息收入之间的关系

利率敏感性缺口	利率敏感性比率	利率变动方向	利息收入变动	利息支出变动	净利息收入变动
正缺口	大于 1	上升	增加	增加	增加
		下降	减少	减少	减少
负缺口	小于 1	上升	增加	增加	减少
		下降	减少	减少	增加
零缺口	等于 1	上升	不变	不变	不变
		下降	不变	不变	不变

若商业银行利率波动不对净利息收入造成影响，就需要调整利率敏感性资产与负债的配比，使利率敏感性比率系数为 1。

2.1.3.2 持续期缺口分析法

持续期也称久期，持续期模型是用资产与负债价值的变动来衡量商业银行利率风险。

（1）麦考勒久期。Macaulay（1938）在1983年首次提出持续期的概念，其给出的一般性计算公式是

$$D = \sum_{t=1}^{N} \frac{C_t \times t}{(1+r)^t}/P \qquad (2.3)$$

$$P = \sum_{t=1}^{n} \frac{C_t}{(1+r)^t} \qquad (2.4)$$

其中，D 表示 Macaulay 持续期，t 表示现金流发生的时期，C_t 表示第 t 期的现金流，n 表示债券到期前的时期数，P 表示债券的现期价格，r 表示债券的每期收益率（假设为不变值）。

（2）修正久期。修正久期是可以计算出证券价格变动的百分比，是确定证券价格是否稳定的有效办法。其计算公式是

$$MD = \frac{D}{1+r} \qquad (2.5)$$

其中，MD 指的是修正久期，D 是 Macaulay 久期，r 表示债券的每期收益率（假设为不变值）。

影响商业银行净值的因素包括持续期缺口、利率变化量和银行资产规模三个因素。这三者之间的关系如表2－3所示。

表2－3 持续期缺口与市场利率、银行净值关系一览表

持续期缺口	利率变动方向	资产价值变动	变动幅度	负债价值变动	净值变动
正缺口	上升	减少	>	减少	下降
	下降	增加	>	增加	上升
负缺口	上升	减少	<	减少	上升
	下降	增加	<	增加	下降
零缺口	上升	减少	=	减少	不变
	下降	增加	=	增加	不变

2.1.3.3　在险价值模型（VaR 模型）

VaR 模型又称为风险价值模型，是指在给定的一段时间或者置信区间内，商业银行的资产或负债价值可能遭受的最大损失。VaR 模型通过置信区间与时间段两个重要参数进行统计分析，与传统的利率敏感性模型和持续期模型不同。VaR 的计算公式为

$$prob\ (\Delta P > VaR)\ = 1 - \alpha \qquad (2.6)$$

其中，$prob$ 指的是实际损失大于预期损失的概率，ΔP 表示在持有期内资产组合价值损失的概率，VaR 表示在 α 置信度下的风险价值。在计算 VaR 值时，分为两个步骤：（1）计算资产组合的价值对市场因素波动的反应的敏感性；（2）计算考察期内银行收益大小的概率分布。

2.1.3.4　利率风险评估方法的比较

以上三种计量模型都是有不同的假设条件，并且在数据样本的选取过程中以及操作难易程度上都不同，三种模型有好有坏，具体的对比情况见表 2 - 4。

表 2 - 4　三种利率风险计量模型的比较

比较类别	利率敏感性缺口模型	久期模型	VaR 模型
分析类型	静态分析	比较静态分析	动态分析
分析期间	单期分析	单期分析	多期分析
衡量利率风险种类	重新定价风险	重新定价风险 收益曲线风险 期权风险	总体利率分析
对收益的分析	短期收益分析	当前收益分析	当前与未来分析
假设条件数量	少	多	多
数据复杂程度	低	中	高
模拟成本	低	中	高

由表 2-4 可知，利率敏感性缺口模型假设条件少、操作简单、成本低，是当前的金融环境下我国商业银行管理利率风险的重要模型。但是它也有局限性：第一，它只能计算短期的利率风险，而不能预测较长一段时间内的；第二，该方法只考虑了重新定价风险，忽略了其他原因造成的风险。久期模型考虑了利率变动对未来现金流的影响，是比较静态分析。久期模型可以测量收益曲线风险和期权风险。但是这个模型的假设条件与现实不符，难以在现实情况下准确地测量利率风险，而且一般情况下商业银行的久期都很难计算。VaR 模型是一种比较先进和科学的计量方法，但是，VaR 模型的假设条件多、检测数据复杂、操作困难、投入成本高，难以符合我国商业银行的目前发展水平。因为我国现阶段商业银行中间业务及金融衍生品较少，而且我国商业银行的总营业收入中存贷款收入占到了70%以上，考虑到此现状，本书首先采用缺口管理的方法对商业银行的利率风险进行度量，然后尝试基于利率变化，运用数量模型进行描述，并在此基础上计算基于利率变化的 VaR，从而对商业银行的利率风险进行度量。

2.2　基于缺口管理的商业银行利率风险度量及分析

2.2.1　利率风险度量指标的选取

本章利用敏感性分析和敏感性缺口分析对利率风险进行分析。在敏感性分析部分，本书利用国内外通用的方法，即净利息收入占营业收入的比重及手续费和佣金收入占营业收入的比重；敏感性缺口分析利用敏感性缺口、利率敏感性比率，然后计算出净利息收入变动额，以达到计量利率风险的目的。其中主要公式有：

利率敏感性缺口 = 利率敏感性资产 – 利率敏感性负债　　（2.7）

利率敏感性比率 = 利率敏感性资产/利率敏感性负债　　（2.8）

净利息收
入变动额 = 敏感性资产 × 资产利率变动 − 敏感性负债 × 负债利率变动

$$(2.9)$$

2.2.2 研究样本和变量选取

2.2.2.1 研究样本

本节选取建设银行和招商银行作为样本。建设银行在国有银行中最具代表性，其资产规模大，在保证传统业务优良业绩的同时也大力地开发中间业务。招商银行的经营比较有特色，其服务水平较高，业务创新能力较强。因此，在本节的实证分析中既包括国有银行，也有股份制银行，选取它们作为考察对象，为其他的商业银行的实际研究提供一个参考。本节选取 2007—2013 年作为研究区间，从图 2 - 3 中可以看出 2007—2013 年间，利率的变动比较频繁。所以这 7 年间，商业银行的利率风险管理也在不断地变化。

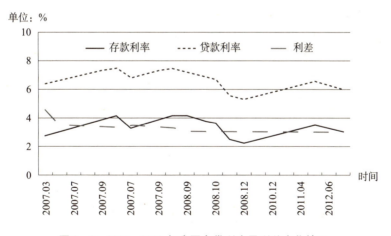

图 2 - 3 2007—2013 年我国存贷利率及利差变化情况

2.2.2.2 研究变量的说明

（1）利率敏感性资产。利率敏感性资产包括现金及存放央行款项、存放同业、拆放同业、拆放金融性公司、买入返售、发放贷款和垫款、投资净值等。建设银行和招商银行的利率敏感性资产的描述性统计如表 2 - 5 所示。

表 2 - 5   建设银行和招商银行的利率敏感性资产描述性统计

变量	平均值	中位数	最大值	最小值	标准差	偏度	峰度
建设银行	9219574	8798699	15363210	5000460	3447796	0.609204	2.543982
招商银行	2115101	2073143	3310933	1195895	748684	0.339147	2.003578

在利率敏感性资产的描述性统计结果中，可以看出建设银行的资产规模比招商银行大，但同时也意味着建设银行面临的利率风险也比较大。两家银行利率敏感性资产的偏度值都比较小，峰度也都接近 3，属于较平坦的分布。

（2）利率敏感性负债。利率敏感性负债包括央行借款、同业及其他金融机构存拆放款、卖出回购、客户存款等。建设银行和招商银行的利率敏感性负债的描述性统计如表 2 - 6 所示。

表 2 - 6   建设银行和招商银行的利率敏感性负债描述性统计

变量	平均值	中位数	最大值	最小值	标准差	偏度	峰度
建设银行	9109298	9398462	12223237	5711695	2459089	- 0.180136	1.665496
招商银行	2149147	2105573	3535690	1193806	807960	0.503765	2.29753

在利率敏感性负债的描述性分析结果中，可以看出两家银行利率敏感性负债的偏度都比较接近于零，峰度也都小于 3，属于较平坦的分布。

2.2.3　基于利率敏感性及缺口的商业银行利率风险实证分析

2.2.3.1　利率敏感性分析

（1）表 2 - 7 和图 2 - 4 描述了样本商业银行净利息收入占营业收入的比重。

表 2-7 2007—2013 年样本银行净利息收入占营业收入的比重 （单位:%）

年份 银行	2007	2008	2009	2010	2011	2012	2013
建设银行	87.84	84.08	79.30	77.75	76.70	76.66	76.59
招商银行	65.72	64.55	61.31	79.96	79.36	77.95	74.59

数据来源：建设银行与招商银行各年年报整理所得。

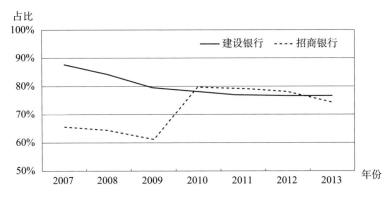

图 2-4 2007—2013 年样本银行净利息收入占营业收入的比重

由表 2-7 和图 2-4 可知，在 2007—2013 年间，建设银行净利息收入在银行的营业收入中所占的比重越来越小，招商银行在 2010 年之后，其净利息收入在银行营业收入中的比重也呈下降趋势，整体时大时小。在市场化进程中，商业银行已经逐渐意识到不能单纯靠存贷利息来获利，需要改变以利息收入为营业收入重要部分的经营模式。

（2）表 2-8 和图 2-5 描述了样本银行手续费和佣金净收入占营业收入的比重。

表 2-8 2007—2013 年样本银行手续费和佣金净收入占营业收入的比重 （单位:%）

年份 银行	2007	2008	2009	2010	2011	2012	2013
建设银行	14.27	14.37	17.99	20.44	21.91	20.29	20.50
招商银行	15.72	14.00	15.54	15.87	16.25	17.41	22.01

数据来源：建设银行与招商银行各年年报整理所得。

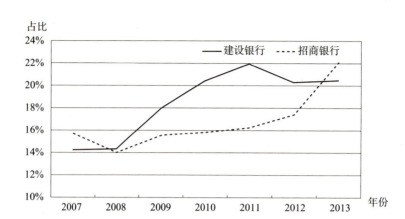

图 2 – 5　2007—2013 年样本银行手续费和佣金净收入占营业收入的比重

通过表 2 – 8 和图 2 – 5 可以看出，近几年，建设银行的手续费和佣金净收入所占营业收入的比重呈上升趋势，但是此收入占总营业收入的比重上升得比较缓慢。招商银行的上升速度比建设银行要快，说明招商银行的利率敏感性相对较低。

2.2.3.2　利率敏感性缺口分析

（1）建设银行。2007—2013 年间建设银行的利率敏感性资产和利率敏感性负债统计如表 2 – 9 所示。

表 2 – 9　2007—2013 年建设银行利率敏感性资产与负债统计

（单位：百万元）

年份	项目	三个月以内	三个月至一年
2006	资产	636307	1360083
	负债	788330	1030082
2007	资产	2775699	2224761
	负债	4622373	1089322
2008	资产	3230960	2985034
	负债	4866591	1538084
2009	资产	4477879	3532346
	负债	6515147	1745502

年份	项目	三个月以内	三个月至一年
2010	资产	5430809	3367890
	负债	7412250	1986212
2011	资产	6404546	3318981
	负债	8175245	2146583
2012	资产	7227289	4197615
	负债	8982935	2461607
2013	资产	7909432	4491310
	负债	9873309	2729872

数据来源：2007—2013 年中国建设银行年报。

运用表 2 – 9 的敏感性资产与负债情况，可计算出建设银行相应的利率敏感性缺口（如表 2 – 10 所示）。

表 2 – 10　建设银行 2007—2013 年利率敏感性缺口　　　（单位：百万元）

年份	三个月以内	三个月至一年	一年内累积缺口
2007	– 1846674	1135439	– 711235
2008	– 1635631	1446950	– 188681
2009	– 2037268	1786844	– 250421
2010	– 1981441	1381678	– 599763
2011	– 1770699	1172398	– 598301
2012	– 1775646	1736008	– 24708
2013	– 1963877	1761438	– 202439

数据来源：建设银行 2007—2013 年度报告。

由表 2 – 10 和图 2 – 6 可以看出，建设银行 2008 年一年内利率敏感性负缺口比 2007 年减少了 5225.54 亿元，说明建设银行根据利率风险状况对其资产负债情况进行了一些调整。2009 年，由于我国比较宽松的政策管制使得国内流动性比较充裕。建设银行的利率敏感性缺口仍然为负，缺口值为 2504.21 亿元，但是在 2008 年的基础上，又增加了 617.43 亿元。2010 年，

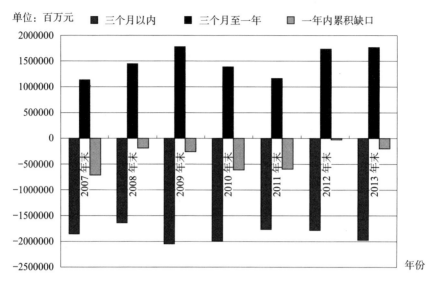

图 2-6　建设银行 2007—2013 年利率敏感性缺口柱形图

建设银行的敏感性缺口仍然为负，而且缺口值比 2009 年又扩大了 3493.39 亿元，这可能是因为客户们把购买金融产品和金融衍生产品的资金转向了银行的短期存款。2011 年，建设银行一年内累计负缺口为 5983.01 亿元，与以往不同，缺口不再呈现扩大的趋势，反而比上一年减少了 14.62 亿元。2012年，建设银行一年内累计利率敏感性缺口减小的幅度较大。原因与 2010 年相反，客户们把储蓄存款都取出来转入投资组合来进行投资。2013 年，建设银行的利率敏感性缺口在上一年的基础上又有所扩大，但是也近似地趋于稳定，主要原因是中国人民银行在 2012 年连续两次降准。对建设银行 2007—2013 年利率敏感性比率进行统计，结果如表 2-11 所示。

表 2-11　建设银行 2007—2013 年利率敏感性比率

年份	2007	2008	2009	2010	2011	2012	2013
利率敏感性比率	0.875	0.971	0.970	0.936	0.942	0.993	0.945

从表 2-11 可以看出，在 2007—2013 年这 7 年里，建设银行的利率敏感性比率都小于 1，说明建设银行是负债敏感型，因为一直维持负债敏感型结构，若利率上升，就会引起净利息收入的损失。

表 2 – 12　2007—2013 年建设银行净利息收入变动额　（单位：百万元）

年份	利率敏感性项目	总计	利率变动额	净利息收入变动额
2007	资产	5000460	1.62%	3900
	负债	5711695	1.35%	
2008	资产	6215994	– 1.89%	20859
	负债	6404675	– 2.16%	
2009	资产	8010225	0.00%	0
	负债	8260649	0.00%	
2010	资产	8798699	0.50%	– 2999
	负债	9398462	0.50%	
2011	资产	9723527	0.75%	– 4487
	负债	10321828	0.01%	
2012	资产	11424904	– 0.50%	– 6965
	负债	11444542	– 0.56%	
2013	资产	15363210	0.00%	0
	负债	12223237	0.00%	

数据来源：2007—2013 年中国建设银行年报。

由表 2 – 12 可知，2007 年净利息收入变动额为正，这可能是因为存款利率与贷款利率调整的幅度不一致；2008 年，存贷款利率都下调但是净利息收入变动额仍然为正，但比 2007 年增加了许多；2009 年中国人民银行没有采取调整存贷款利率的措施，存贷款利率没有变化，因此净利息收入也没有变动；2010 年存贷款利率同时上调且调整幅度一样，净利息收入变动额为负；2011 年中国人民银行调整存款利率的幅度比贷款利率的幅度大得多，但是因为通货膨胀的关系，净利息收入减少；2012 年中国人民银行降低基准利率，存贷款利率调整幅度基本一致，净利息收入减少；2013年，在欧债危机的影响下，国内货币政策和利率保持稳定，净利息收入不受影响。在利率市场化改革的过程中，净利息收入对利率的变动很敏感，我国商业银行应改变以净利息收入为营业收入主要来源的营业模式。

（2）对招商银行 2007—2013 年利率敏感性资产和利率敏感性负债进

行统计，结果如表 2 - 13 所示。

表 2 - 13 2007—2013 年招商银行利率敏感性资产与负债统计

（单位：百万元）

年份	项目	三个月以内	三个月至一年
2007	资产	862709	333186
	负债	1025307	168499
2008	资产	964151	418741
	负债	1113765	250295
2009	资产	1230045	569721
	负债	1521852	303427
2010	资产	1576477	496666
	负债	1765436	340137
2011	资产	1772269	503806
	负债	1919683	368418
2012	资产	1881694	885307
	负债	2237454	494067
2013	资产	1929936	1143425
	负债	2477364	657889

数据来源：2007—2013 年中国招商银行年报。

根据上面的敏感性资产负债情况，可以计算出招商银行三个月以内以及三个月至一年的利率敏感性缺口情况，如表 2 - 14 和图 2 - 7 所示。

表 2 - 14 2007—2013 年招商银行利率敏感性缺口 （单位：百万元）

年份	三个月以内	三个月至一年	一年内累积
2007	- 162598	164687	2089
2008	- 149614	168446	18832
2009	- 291807	266294	- 25513
2010	- 188959	156529	- 32430
2011	- 147414	135388	- 12026
2012	- 355760	391240	35480
2013	- 54428	485536	- 61892

数据来源：2007—2013 年招商银行年度报告。

单位：百万元

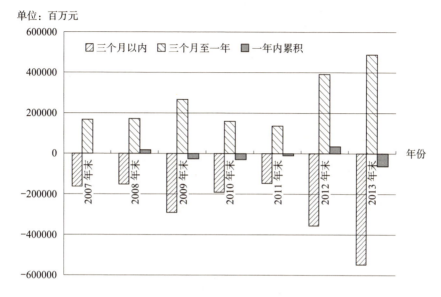

图 2-7　2007—2013 年招商银行利率敏感性缺口柱形图

由表 2-13、表 2-14 和图 2-7 可以看出，2008 年招商银行一年内利率敏感性正缺口比 2007 年增加 167.43 亿元，主要是受中国人民银行连续多次降息影响。2009 年，招商银行一年内累积利率敏感性缺口为负。2010 年，招商银行一年内累积利率敏感性缺口为负，缺口值为 324.3 亿元，相比 2009 年，缺口值增加 69.17 亿元。2011 年，招商银行一年内累积利率敏感性缺口仍然维持负值，缺口值为 120.26 亿元，相比上年缺口值缩小 204.04 亿元。2012 年，招商银行一年内累积利率敏感性缺口由负转为正，且增加的幅度比较大，增加了 475.06 亿元。2013 年一年内累积利率敏感性缺口由正转负，主要是因为中国人民银行连续两次降准。招商银行 2007—2013 年利率敏感性比率的计算结果统计如表 2-15 所示。

表 2-15　招商银行 2007—2013 年利率敏感性比率

年份	2007	2008	2009	2010	2011	2012	2013
利率敏感性比率	1.002	1.014	0.986	0.985	0.995	1.013	1.004

由表 2-15 得出，招商银行利率敏感性系数大于 1 的年份有 2007
年、2008 年、2012 年和 2013 年，说明这 3 年资产规模比负债规模大，
利率敏感性资产更容易受到利率波动的影响；利率敏感性系数小于 1 的
年份有 2009 年、2010 年和 2011 年，说明负债规模比资产规模大，招商
银行的负债更容易受利率波动影响。招商银行 2007—2013 年净利息收入
变动额如表 2-16 所示。

表 2-16　2006—2013 年招商银行净利息收入变动额

年份	利率敏感性项目	总计（百万元）	利率变动额	净利息收入变动额（百万元）
2006	资产	852598	0.27%	-2158
	负债	825894	0.54%	
2007	资产	1195895	1.62%	3257
	负债	1193806	1.35%	
2008	资产	1382892	-1.89%	3327
	负债	1364060	-2.16%	
2009	资产	1799766	0.00%	0
	负债	1825279	0.00%	
2010	资产	2073143	0.50%	-162
	负债	2105573	0.50%	
2011	资产	2276075	0.75%	-90
	负债	2288101	0.01%	
2012	资产	2767001	-0.50%	1462
	负债	2731521	-0.56%	
2013	资产	3310933	0.00%	0
	负债	3535690	0.00%	

资料来源：2006—2012 年招商银行年报。

由表 2-16 可以得出，2007 年招商银行净利息收入变动额为正，存款
利率与贷款利率调整的幅度不一致；2008 年，存贷款利率都下调，但是招
商银行的净利息变动额仍然为正，但比 2007 年增加了许多；2009 年中国
人民银行没有采取调整存贷款利率的措施，存贷款利率没有变化，因此招

商银行的净利息收入也没有变动；2010 年存贷款利率同时上调且调整幅度一样，招商银行净利息变动额为负；2011 年中国人民银行调整存款利率的幅度比贷款利率的幅度大得多，但是因为通货膨胀的关系，招商银行的净利息收入减少；2012 年中国人民银行降低基准利率，存贷款利率调整幅度基本一致，招商银行的净利息收入增加。2013 年，与建设银行类似，国内货币政策和利率水平基本稳定，招商银行净利息收入受到的影响较小。

2.2.3.3 利率对敏感性缺口及营业收入影响的实证研究

为了验证利率敏感性缺口是否对商业银行的营业收入存在影响，本节建立以下两个方程：

$$Y_1 = \alpha_1 + \beta_1 X_1 + \beta_2 X_2 + \beta_3 GAP \qquad (2.10)$$

$$Y_2 = \alpha_2 + \beta_4 X_1 + \beta_5 X_2 + \beta_6 GAP \qquad (2.11)$$

其中，GAP 为利率敏感性缺口，X_1 为利率，X_2 为利率波动额，Y_1 表示净利息收入，Y_2 表示营业收入，α_1，α_2，β_1，β_2，β_3，β_4，β_5，β_6 为常系数。本小节先采用 D – W 检验法检验模型是否存在相关性，检验出了相关性之后再用最小二乘法（OLS）对方程的系数进行系数估计。表 2 – 17 是关于两个方程的 D – W 的检验结果，可以看出方程（2.10）的 D – W 值为 0.98，方程（2.11）的 D – W 值为 0.93，说明两个方程都存在自相关现象。下面我们再采用回归模型来验证利率、利率波动和利率敏感性缺口对净利息收入和营业收入的影响到底显不显著。

表 2 – 17　D – W 检验结果

回归方程	N	K	D – W 值
方程（2.10）	13	3	0.98
方程（2.11）	13	3	0.93

回归统计结果如表 2 – 18 所示：

表 2 – 18　回归统计结果一览表

回归方程	解释变量	T	Prob.	R – squared
方程（2.10）	利率	0.42	0.68	0.34
	利率波动	– 0.99	0.35	
	利率敏感性缺口	– 2.11	0.06	
方程（2.11）	利率	0.35	0.91	0.30
	利率波动	– 0.88	0.73	
	利率敏感性缺口	– 1.94	0.08	

　　从表 2 – 18 的回归结果可以得出以下结论：在 10% 显著性水平下，β_1 和 β_4 没有通过检验，即方程（2.10）不支持利率的大小对净利息收入有显著性的影响，方程（2.11）不支持利率的大小对营业收入有显著性的影响。β_2 和 β_5 在 10% 的置信水平下，也没有通过检验，即方程（2.10）不支持利率的波动对净利息收入有显著性的影响，方程（2.11）不支持利率的波动对营业收入有显著性的影响。β_3 和 β_6 在 10% 的置信水平下通过了检验，即两个方程分别支持敏感性缺口对净利息收入和营业收入有影响。说明利率敏感性缺口的变化直接影响着商业银行的营业收入。综上所述，利率敏感性缺口值直接影响到商业银行的营业收入。从另一个角度来说，就是商业银行利率敏感性缺口的管理水平直接影响到商业银行的盈利能力。所以商业银行必须不断地提升利率敏感性缺口管理水平，从而提升其利率风险管理水平和盈利水平。

2.2.3.4　实证结果分析

　　我们把建设银行与招商银行一年期内累积的利率敏感性缺口进行比较，从缺口值分析两家银行在利率风险管理方面的差异。如图 2 – 8 是建设银行与招商银行 2007—2013 年的利率敏感性缺口的比较图。在缺口值方面，通过两家银行的比较可以发现建设银行从 2007 年到 2013 年一直是负缺口，而招商银行有正有负，说明招商银行的利率风险较稳定。另外，在缺口值的绝对值方面可以看出，每一年建设银行的缺口绝对值都比招商银行的要大，这就使得在面临频繁的利率波动时，类似于建设银行这样的资产规模过大的国有银行难以及时地根据利率的波动做出有效的措施。所以相对而言，招商银行的利率风险管理有一定的优势。

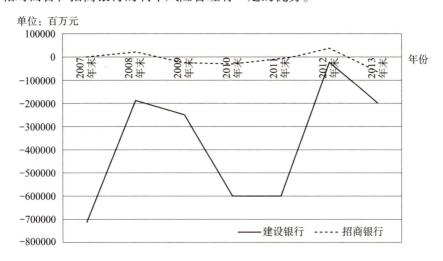

图 2 - 8 2007—2013 年建设银行与招商银行利率敏感性缺口比较

综上所述，建设银行和招商银行均面临一定程度的利率风险，利率变化使其利率敏感性资产和负债产生了一定的损益，而建设银行由于规模大，利率敏感性资产和负债的调整难度相对较大，其管理难度也更大，在利率市场化进程中，商业银行应进行更多的金融创新来防范利率风险。

2.3 基于利率变化的商业银行经营风险度量及分析

近年来，利率波动幅度越来越大，商业银行的利率敏感性资产容易受到利率变化的影响，本节运用 GARCH 模型描述利率的波动，并通过构建 GARCH - VaR 模型对商业银行利率敏感性资产的风险进行度量。

2.3.1　基于 GARCH – VaR 的利率风险度量模型构建

（1）VaR 的计算。VaR 是在一定市场条件下和给定的置信区间内，某一净资产在一定时间内的最大可能损失，定义 VaR 的值为：

$$VaR = E（W）- W^* \tag{2.12}$$

其中，$E（W）$ 为商业银行资产的预期价值；W 为持有期末资产组合的价值，设 $W = W_0（1 + R）$，W_0 为持有期初资产组合的价值，R 为收益率，R^* 为相应的最低收益率；W^* 为给定置信水平 C 下该资产组合的最小价值，设 $W^* = W_0（1 + R^*）$，公式（2.12）可以表达为：

$$VaR = E（W）- W^* = W_0 \left[E（R）- R^* \right] \tag{2.13}$$

式（2.13）中，可以假定收益率的分布为多种统计分布，一般地假设其服从正态分布、t 分布等，假定 R 服从正态分布 $F（\cdot）$，在一定的置信度下，可以设定一个临界值 α，使得：

$$C = \int_{-\infty}^{-\alpha} F（\cdot）\mathrm{d}x \tag{2.14}$$

$$R^* = -\alpha\sigma \sqrt{\Delta t} + \mu\Delta t \tag{2.15}$$

其中 σ 为方差，Δt 为 VaR 的周期，其经济含义为商业银行利率敏感性资产持有期，进一步地，可以得到 VaR 的计算公式：

$$VaR = W_0（\mu\Delta t - R^*）= W_0\alpha\sigma \sqrt{\Delta t} \tag{2.16}$$

（2）波动率的计算。考虑到利率变化的异方差特征，本节运用 GARCH 模型来计算利率的条件波动率：

$$R_t = \mu + X_t R + \varepsilon_t \tag{2.17}$$

$$\sigma_t^2 = \omega + \alpha_1\varepsilon_{t-1}^2 + \cdots + \alpha_q\varepsilon_{t-q}^2 + \beta_1\sigma_{t-1}^2 + \cdots + \beta_p\sigma_{t-p}^2 \tag{2.18}$$

其中，$\{R_t\}$ 为资产收益率序列；μ 为序列的均值；X_t 为已知的回归变量，包括滞后的 n 项。σ^2 为 ε_t 的条件方差。

（3）置信水平和持有期的选择。置信水平反映了风险度量成本与收益的权衡，置信水平越高，其风险管理成本越大，但其覆盖的损失也较大，潜在的风险管理收益也较大。不同银行对置信水平的选择各不相同,美洲银行设定为95%,花旗银行的选择为95.4%。从谨慎监管角度出发,巴塞尔委员会规定置信水平为99%。同时持有期为两个星期,即10个交易日。因此,本书中置信水平的设置为99%,持有期为10天。

(4) GARCH – VaR 的推导。对公式 (2.18) 进行开方,可以得到:

$$\sigma_t = \sqrt{\omega + \alpha_1 \varepsilon_{t-1}^2 + \cdots + \alpha_q \varepsilon_{t-q}^2 + \beta_1 \sigma_{t-1}^2 + \cdots + \beta_p \sigma_{t-p}^2} \qquad (2.19)$$

结合公式 (2.19),便可得到 GARCH – VaR 的最终结果,时刻 t 的 VaR 表达式为

$$VaR_t = w_0 \sigma_t F^{-1} (c) \sqrt{\Delta t} \qquad (2.20)$$

运用利率数据既可以得到商业银行单位资产在一定置信水平下潜在的最大损失,在假定商业银行利率敏感性相同的情况下,又可以对其利率风险进行度量。

2.3.2　基于 GARCH – VaR 的利率风险度量模型的参数估计

(1) 样本选择及数据来源。上海银行间同业拆借利率 (Shanghai Interbank Offered Rate,SHIBOR) 是由信用等级较高的银行自主报出的人民币同业拆出利率计算确定的算术平均利率,是单利、无担保、批发性利率。目前,对社会公布的 SHIBOR 品种包括隔夜、1周、2周、1个月、3个月、6个月、9个月及1年。SHIBOR 报价银行团现由18家商业银行组成。报价银行是公开市场一级交易商或外汇市场做市商,且在中国货币市场上人民币交易相对活跃、信息披露比较充分的银行。中国人民银行成立 SHIBOR 工作小组,依据《上海银行间同业拆放利率 (SHIBOR) 实施准则》确定和调整报价银行团成员,监督和管理 SHIBOR 运行,规范报价行与指定发布人行为。全国银行间同业拆借中心受权 SHIBOR 的报价计算和信息发布。每个交易日根据各报价行的报价,剔除最高、最低各4家报价,对其余报价进行算术平均计算后,得出每一期限品种的 SHIBOR,并于11:30

对外发布（2014 年 8 月 1 日起改为 9:30 对外发布）。目前，SHIBOR 与货币市场发展已经形成了良性互动的格局。SHIBOR 在市场化产品定价中得到广泛运用。

利率单位：%

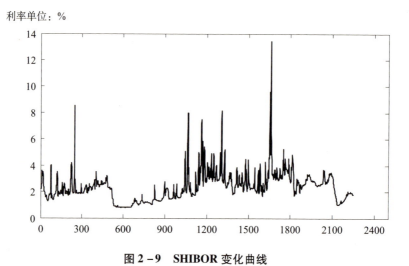

图 2 - 9　SHIBOR 变化曲线

（2）基本统计特征分析。分别定义利率日收益率和汇率日收益率 R_{it}：

$$R_{it} = \ln\ (R_t)\ /\ln\ (R_{t-1}) \tag{2.21}$$

其中 R_t，R_{t-1} 为 t 和 $t-1$ 时刻的同业拆借利率，对样本利率数据进行一般描述性统计分析。分析结果显示（见表 2 - 19），利率日收益率 R_{it} 序列在 1% 的显著性水平下显著不服从正态分布。

表 2 - 19　利率日收益率的描述性统计

平均值	最大值	最小值	标准差	偏度	峰度	J - B 值	p - value	观测值
0.00	0.30	- 0.79	0.05	- 3.38	67.19	405851.30	0.00	2338.00

（3）平稳性及异方差检验。首先对利率日收益率 R_{it} 序列进行平稳性检验，其结果表明 ADF 统计量在 1% 的显著性水平下，R_{it} 序列拒绝随机游走的假设，也就是说这些收益率序列都为平稳的时间序列。为了分析两序列是否具有显著的异方差特性，采用 ARCH - LM 检验来进行测试。检验结

果表明，拉格朗日乘数的 P 值均小于临界值 1%。由此可以得出，在 1%
的显著性水平下拒绝了原假设，利率收益率序列存在着较显著的 ARCH
效应。

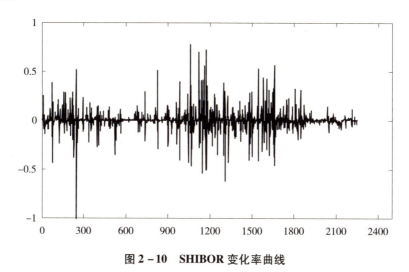

图 2 - 10　SHIBOR 变化率曲线

　　从图 2 - 10 中也可以发现，利率变化曲线有较强的波动集聚性，条件
波动率适合用 GARCH 模型进行估计和描述。

　　(4) 基于利率风险的 GARCH - VaR 模型的参数估计。由于 R_{it} 序列为
平稳序列，对 R_{it} 序列进行自相关和偏自相关检验，在 1% 的显著性水平下，
1 阶自相关系数超过两倍标准差，其余滞后阶数的自相关系数均小于两倍
标准差，且各阶滞后的 Q 统计量的 P 值小于 1%，说明在 1% 的显著性水
平下，拒绝原假设，残差序列存在序列相关。设定 GARCH 模型为 GARCH
(1，1) 模型，从模型的估计参数来看，各模型的参数均在 5% 置信水平下
显著。而对估计残差再做异方差效应的 LM 检验，发现不存在显著的异方
差现象，以上模型能较好地刻画利率序列的异方差现象。模型的参数统计
见表 2 - 20。

表 2 – 20　GARCH – VaR 模型族参数估计

变量	系数	标准差	z – 统计量	Prob.
C	– 0. 001028	6. 27E – 05	– 16. 38784	0. 0000
方差方程				
C	7. 56E – 06	2. 46E – 07	30. 79052	0. 0000
RESID（ – 1）^2	0. 982526	0. 019952	49. 24546	0. 0000
GARCH（ – 1）	0. 626526	0. 004195	149. 3519	0. 0000
R – squared	– 0. 000582	Mean dependent var		6. 96E – 05
Adjusted R – squared	– 0. 000582	S. D. dependent var		0. 045503
S. E. of regression	0. 045516	Akaike info criterion		– 4. 168712
Sum squared resid	4. 841598	Schwarz criterion		– 4. 158863
Log likelihood	4877. 224	Hannan – Quinn criter.		– 4. 165124

2.3.3　基于 GARCH – VaR 的利率风险度量

对商业银行单位资产的利率风险进行计算，结果如图 2 – 11 所示。

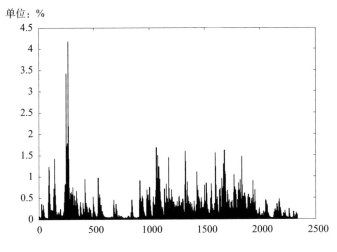

图 2 – 11　单位资产利率风险的 VaR 值

从图 2 – 11 中可以发现，商业银行单位资产的利率风险波动较大，在资产持有期内，单位资产的最高损失超过了 4%，超过 1% 的天数也较多，商业银行可根据计算出的 VaR 值提前采取风险管理措施，以降低其潜在损失。

2.4　商业银行利率风险管理存在的问题及管理对策

2.4.1　商业银行利率风险管理存在的问题分析

结合以上实证分析和商业银行风险管理的实际情况，对当前商业银行利率风险管理中存在的问题进行剖析，其主要问题描述如下。

（1）资产与负债配比不当。近年来，虽然我国大部分商业银行已经开始实行了资产负债管理，但是资产与负债的配比仍然存在不平衡的问题。不管是在总量结构、期限结构还是利率结构上，我国商业银行的资产与负债的配比关系都有不合理之处。因为这种不平衡使我国商业银行长期面临利率风险。

（2）资本充足率偏低。资本充足率是银行资本与风险资产的比率，也是衡量商业银行利率风险管理能力的一个重要指标和考察商业银行经营方式是否适当的一个参考指标。只有资本充足率达到某一标准时，才能满足商业银行利率风险管理的条件。我国商业银行现在普遍存在的问题就是资本充足率偏低，这将导致我国商业银行抗利率风险能力低下。

（3）利率风险管理的方法手段落后。欧美国家商业银行的利率风险管理早在一百多年前就开始发展，我国利率市场化指导最近几年才接近完成。市场被动地去解决利率风险带来的损失，而且管理方法单一。我国商业银行的利率风险管理水平难以跟上我国利率市场化改革的步伐，所以一定要改善利率风险管理的模式，提高效率，变被动为主动。

（4）银行经营管理层的利率风险管理意识落后。因为我国商业银行之前很长一段时间都是处在国有化阶段并且受到严格的政府利率管制，所以商业银行管理人员也不具备利率风险管理意识。我国商业银行更多的是接受中国人民银行制定的利率水平，然后再对政府的政策做出管理决策。同时，国内商业银行在利率风险管理的模型方法上也没有很多的经验。此外，商业银行都更重视信用风险管理，之前我国商业银行的风险管理重点主要是不良贷款率，对利率风险管理缺乏足够重视。

（5）金融市场不发达导致抗利率风险能力低下。我国的金融市场发展起步晚，目前还没有达到成熟的阶段。所以我国金融市场上的创新产品很少，导致我国商业银行只能被动地采取一些基本措施来防范利率风险，而不能以一些创新先进的方法来解决问题，大多照搬国外的经验来解决问题，但是国外的经验有时候不适合我国的国情，所以金融市场的不发达导致我国商业银行利率风险防范能力较差。

2.4.2 商业银行利率风险管理的对策及建议

（1）提高利率风险意识。在利率市场化之前，我国大部分商业银行的经营管理忽略了利率风险。随着中国利率市场化进程的加快，中国人民银行开始频繁地调节利率来达到相应的政策效果，但商业银行管理层缺乏利率风险意识，没有及时地采取应对措施使得中国人民银行的政策难以实现其预期效果。所以我国商业银行要改变传统的风险管理模式，提高利率风险管理意识，参照《中华人民共和国银行业监督管理法》（附录B）的规定，"建立银行业金融机构监督管理评级体系和风险预警机制，根据银行业金融机构的评级情况和风险状况，确定对其现场检查的频率、范围和需要采取的其他措施"，在抗风险时重点实施利率风险管理措施，形成与利率市场化改革相适应的利率风险管理机制。

（2）大力发展中间业务。随着利率风险逐渐被重视，为了规避利率风险，并且提早为将来利率市场化改革做准备，很多商业银行开始积极发展中间业务。从净利息收入的减少和中间业务收入的增加可以看出来，我国商业银行的营业收入结构有了改变，这有利于商业银行更好的发展。

（3）完善资产负债管理，实现多元化经营。目前我国商业银行资产负债结构不平衡，存在不适当的配比关系。商业银行可以以利率风险管理作为核心，对资产负债表进行全面优化，改善资产负债结构，增加产品种类，改变单一业务经营的模式。通过实行多业务发展，减少净利息收入所占比重，来实现利率风险管理的目标。

（4）完善国内金融市场的建设。目前，为了更好地运用利率风险管理技术，我国要推动金融市场的各方面发展，完善我国金融市场的资源配置，推进我国金融市场的发展，完善我国金融市场的各项功能。我国商业银行要利用金融衍生工具，多发展一些表外业务，提高综合能力，更好地应对利率风险。

第3章 外汇市场视角下商业银行经营风险度量及管理对策分析

我国外汇市场逐渐发展，汇率制度改革和国内外市场变化导致汇率频繁波动，若商业银行不积极进行外汇风险的度量和分析，并做好外汇风险的防范，则可能会遭遇外汇风险带来的资产损失。银行的资产损失会使得商业银行的经营遭受打击，信誉评级下降，更有甚者会暴露商业银行自身的脆弱性，从而濒临破产。因此，在外汇市场逐渐开放的条件下对商业银行进行汇率风险的分析有助于了解我国商业银行目前的经营状况，并提出相应的管理对策。本章运用 Copula 函数对商业银行汇率风险进行度量，运用 GARCH – VaR 模型对商业银行单位资产的汇率风险进行度量，并在此基础上提出相关对策建议。

3.1 外汇市场及中国外汇市场的发展

外汇市场是指经营外币和以外币计价的票据等有价证券进行买卖的场所，是金融市场的重要组成部分。经济贸易的全球性及汇率频繁波动，使得外汇市场成为全球最大的交易市场，该市场的交易是通过电话及经由计算机终端机在世界各地进行，因此该市场具有高效率性、公平性及流通性，是具有影响力的世界级市场。外汇市场的主要参与者有中央银行、外汇银行、外汇经纪人、贴现商号、外汇交易商、跨国公司、外汇投机者和进出口商及其他外汇供求者。我国外汇市场的发展大致可以分为四个时期：第一时期是计划经济时期的中国外汇管理体制运行时期；第二时期是1979 年至 1994 年间，中国外汇市场从计划到市场的转轨时期；第三时期是 1994 年至 2005 年，我国统一的外汇市场初步建成时期；第四时期是2005 年至今，这是我国外汇市场的深入发展时期。

3.1.1　1979 年改革政策实施前后对比

1979 年，我国开始实行对外开放政策。在我国经济增长的同时，调动创汇单位的积极性，扩大我国外汇收入，并改革统收统支的外汇分配制度，改进外汇资源分配。从当年起，我国开始实行外汇留成办法；实行贸易外汇内部结算汇率和官方公布的非贸易外汇收支牌价并存的双重汇率制。在实行外汇留成制度的基础上，1980 年 10 月起中国银行开办外汇调剂业务，允许持有留成外汇的单位把多余的外汇额度转让给缺汇的单位。自此，我国外汇调剂市场与官方外汇市场并存，从而形成两个市场、两个汇价并存的局面。自 20 世纪 50 年代中期到 1979 年之前，我国一直实行的是高度集中的、以行政管理手段为主的外汇管理体制，对外汇收支实行全面计划管理与控制，在外汇政策上以维持人民币的基本稳定为目标，要求对人民币的汇价采取基本稳定的政策。对外贸易方面主要由国有公司统一经营，而且主要产品的价格也纳入国家计划，有利于企业内部的核算和各种计划的编制和执行。因此，在这一时期，我国的外汇市场对外交流较少，国内物价较为稳定。同时，国家外汇基本上处于零储备状态，外贸进出口主要局限于社会主义国家，且大体收支平衡，人民币汇率严重高估。在这期间，我国汇率还是保持稳定状态，银行业整体面临的外汇风险也十分小。1979 年实施外汇市场制度改革之后，汇率波动情况下，我国物价上涨速度加快。在此情况下，我国政府有意识地运用汇率政策调节经济与外贸，对人民币汇率做了相应持续下调。官方汇率数次小幅调低，但仍赶不上出口换汇成本和外汇调剂价。

表 3 – 1   1979 年外汇汇率调整情况

年　份	汇率（美元/人民币）
1980. 1	USD1 = RMB￥1. 5
1981. 1	USD1 = RMB￥1. 5
1984. 12	USD1 = RMB￥2. 7963
1985. 1	USD1 = RMB￥2. 8
1986. 7	USD1 = RMB￥3. 7036
1988. 1	USD1 = RMB￥3. 7221
1989. 12	USD1 = RMB￥4. 7221
1990. 11	USD1 = RMB￥5. 7221

注：资料来源于外汇管理局网站。

在外汇业务经营范围方面，在此期间改革了外汇业务经营机制，引入竞争机制，允许国家专业银行业务交叉，并批准设立了多家商业银行和一批非银行金融机构经营外汇业务。至 1985 年，已批准了 15 家可以经营外汇的金融机构，允许外资金融机构设立营业机构，经营外汇业务。据对全国 23 个省、市（包括计划单列城市）的不完全统计：1985 年，经人民银行审批合格发证的各种金融机构共 57000 家，形成了多种金融机构参与外汇业务的格局。1985 年，对企业暂不使用的自有外汇制定了调剂办法，企业之间外汇余缺可以进行调剂。银行业影响方面，为吸收境外外汇存款和国内居民的手持现汇，增加外汇供给，放宽对个人外币存款的限制，实行存取自由，把原来只在 4 个大城市开办的居民外币存款业务扩展到全国范围。批准中国银行、国际信托公司等金融机构在国际市场上发行债券，筹集资金约 7. 5 亿美元。在经济特区引进了 5 家外资银行、1 家合资银行、1 家侨资银行和 1 家中资银行；放宽了上海 4 家外资、侨资银行经营外汇业务的范围。因为中国银行是我国的国家外汇专业银行，所以以中国银行为例，截至 1985 年年底，中国银行各项外汇存款年末余额达 52. 3 亿美元。为了促进外商投资企业的发展，我国政府共批准成立外商投资企业 6319家，其中 1050 家大、中型企业在中国银行开立了账户。1984 年 11 月 6 日，

1985 年 4 月 26 日和 10 月 11 日，中国银行在东京金融市场依次发行了 1 笔
10 年期、固定利率 7% 的日元"武士"债券和 2 笔 10 年期的固定利率的
日元"武士"债券，分别为利率 7.1%、金额 200 亿日元和利率 6.1%、金
额 300 亿日元。1985 年 10 月 18 日，发行了 1 笔 10 年期固定利率的美元
"将军"债券，发行额为 1.5 亿美元。1985 年 6 月 5 日，在联邦德国法兰
克福首次发行了 7 年期固定利率欧洲马克债券，发行额为 1.5 亿西德马克。
1985 年 9 月 20 日，在伦敦金融市场发行了 5 年期浮动利率存款证，发行
额为 2 亿美元。五次债券发行，为国家建设开辟了利用外资的新途径，为
参与国际金融市场活动积累了经验。相较于 1979 年之前我国的外汇市场，
这一期间的外汇市场容量明显增大，市场机制也较之前灵活，外汇管理体
制逐渐由高度集中的计划管理向市场管理过渡。至 1993 年，已经基本建立健
全了计划管理与市场调节相结合的外汇管理模式，这使得我国外汇市场更具
有公平性，竞争机制的存在也使得市场能保持健康发展。

3.1.2　1994 年外汇市场政策改革前后对比

1994 年，中国外汇管理体制进行大幅度改革，具体内容为取消外汇留
成、上缴和额度管理制度，实行结售汇制度。汇率政策也做了调整，1994
年 1 月 1 日起实行人民币官方汇率与外汇调剂价并轨，实行以市场供求为
基础的、单一的、有管理的浮动汇率制。同年，建立全国统一的银行间外
汇市场，亦称为外汇批发市场，并逐渐成为中国主要的外汇交易场所，交
易主体主要是金融机构、投资公司及进出口企业等。同年 4 月增加国内外
汇市场外汇交易币种，将港币交易列为交易币种范围，次年 3 月开办日元
交易。1994 年 8 月，中国证监会等四部委联合发文，全面取缔外汇期货交
易（保证金）。1994 年外汇管理体制改革之前，我国外汇市场 1979—1985 年
的发展形势如前文所述，相比改革开放前的计划经济时期有了一定程度的进
步，我国银行业乃至金融业在外汇市场经营的范围都有所扩大。1986 年随着
全国性外汇调剂业务的全面展开，又形成了统一的官方牌价与千差万别的市

场调剂汇价并存的新双轨制。自1991年4月9日起，我国开始对人民币官方汇率实施有管理的浮动运行机制。至1993年12月31日，官方汇率1美元兑换人民币5.8元；调剂市场汇率为1美元兑换人民币8.7元左右。

1994年外汇管理体制改革之后，我国外汇市场进一步放开发展。外汇市场交易量方面，1994年我国已开始实行人民币在经常项目下"有条件"的可兑换；1996年7月1日，我国将外商投资企业也全面纳入全国统一的银行结售汇体系，进而取消了1994年外汇体制改革后尚存的经常项目汇兑限制。外汇市场交易额也逐年增加，具体数据见表3-2。

表3-2 外汇交易统计

年份	交易日（天）	总成交（亿美元）
1994	191	408
1995	251	655.2
1996	255	628.4
1997	253	700.2
1998	254	504.3
1999	251	314.5
2000	251	421.7
2001	253	750.3
2002	249	971.9
2003	251	1511.32
2004	252	2088.4

注：资料来源于金融年鉴。

从表3-2可见，因为受1997—1998年亚洲金融危机的影响，我国外汇市场实行谨慎的外汇政策，外汇管理力度的加大和打击走私骗汇斗争初见成效，因此交易量在1998—2000年期间有所下降。但我国外汇市场从1994年改革以来还是呈现上涨趋势，尤其是2002—2004年间，增长迅猛。金融市场方面，至1995年年底，在华外资营业性金融机构139家，总资产近200亿美元；此外，我国国有商业银行境外设立的分支机构也不断增加。

截至 1998 年 12 月底，有 21 个国家和地区的 89 家外资金融机构和企业集团在我国境内设立了 178 家营业性金融机构，其中当地注册机构 20 家（合资银行 7 家，独资银行 6 家，外资财务公司 7 家）、当地注册机构分行 5 家、外国银行分行 153 家。有 38 个国家和地区的 164 家外国银行在我国境内设立了 255 个代表处。在华外资银行的资产总额为 341.8 亿美元，比 1997 年末下降 9.8%；贷款总额为 260.5 亿美元，比 1997 年末下降 5.2%；存款总额为 45.5 亿美元，比 1997 年末上升 1.6%；资本金（或营运资金）为 25.9 亿美元，比 1997 年末增加 12.6%。实现净利润 2.15 亿美元，比 1997 年末减少 16.4%。国有商业银行经营管理水平较低，而国有企业经营困难和在建投资规模偏大，造成金融机构信贷资产质量不高，信贷资金周转减慢，经营效益较低。大案要案和恶性案件呈上升趋势。1995 年，金融系统经济案件中，百万元以上特大案件比上年增长 29%，国内商业银行面临较大风险。外汇供给方面，自 1994 年银行间外汇市场正式运作至 1997 年，外汇市场一直是供大于求，外汇储备量逐年增长。受 1997—1998 年亚洲金融危机的影响，1997—2000 年间，外汇市场压力较大，外汇储备增长速度放缓。2000 年之后，随着市场过高的需求压力减弱，售汇压力减轻，央行市场操作恢复净买入，外汇储备增加（见图 3－1）。

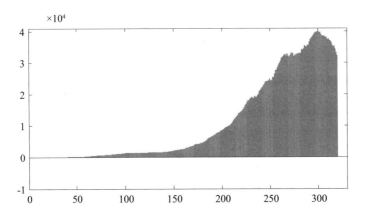

图 3－1　1951.12—2016.1 外汇储备数额柱状图（单位：亿美元）

总结这一时期我国外汇市场的特点，相较于 1994 年之前，外汇市场形式更为专业、正规。同时，市场经营范围准入进一步放松，这使得我国商业银行处于竞争更加激烈的市场中。外汇市场交易量也逐年增大，但由于我国商业银行经营外汇业务经验尚且不足，在外汇市场进一步发展的条件下，其面临的外汇风险有增加的态势。

3.1.3 2005 年外汇市场改革之后市场状况

2005 年，银行间外汇市场改革和建设步伐加快，市场获得较快发展。汇率形成机制改革后，人民币汇率弹性增强，总体保持平稳波动、略有升值的态势。同时，我国外汇市场也有相应的发展，外汇市场的交易品种增加，银行间外汇市场新增外币间买卖业务和远期外汇交易业务，市场准入放宽。2005 年 8 月 8 日起，允许更多符合条件的非银行金融机构和非金融性企业按实需原则进入银行间即期外汇市场交易；2005 年 8 月 15 日起，符合条件的中国外汇交易中心会员均可参与银行间远期外汇交易。随着交易和清算方式的改进，银行间外汇市场的交易大多通过电子交易系统来实现。银行间外汇市场本币对外币买卖采取分别报价、撮合成交的竞价交易方式，由电子交易系统按照价格优先、时间优先的原则对外汇买卖进行撮合，并实行本外币集中清算。2005 年 11 月 24 日，国家外汇管理局在银行间外汇市场本币对外币交易中引入做市商制度。这使得我国银行间外汇市场得到进一步发展，人民币汇率形成机制的配套举措得到完善。2005 年末，核准第一批做市商 13 家，其中，中资 8 家，外资 5 家。银行间远期外汇市场开始起步。2005 年 8 月 15 日银行间市场正式推出远期人民币外汇交易业务；2006 年 4 月 24 日推出人民币与外汇掉期业务，2006 年增加英镑交易。

2005 年 7 月 21 日，新的人民币汇率制度开始实施，参考一篮子货币、有管理的浮动汇率制度，允许人民币价值可根据市场供求状况及参照一篮子货币在监管范围内波动。

表 3 - 3　银行间远期外汇市场交易量

年　份	2006	2007	2008	2009	2010
成交笔数	1476	2952	2890	2501	5408
总成交量（亿美元）	140.61	223.87	173.68	97.67	326.66
日均成交量（亿美元）	0.5786	0.93	0.71	0.4	1.35

表 3 - 4　银行间外汇掉期市场交易量

年　份	2006	2007	2008	2009	2010
成交笔数	2732	15948	24178	30708	53602
总成交量（亿美元）	508.56	3154.67	4402.97	8018.02	12834.64
日均成交量（亿美元）	2.99	13.04	17.9	32.86	53.04

表 3 - 5　银行间外币买卖交易量

年　份	2006	2007	2008	2009	2010
成交笔数	34674	28045	22383	31620	36683
总成交量（亿美元）	756.86	900.66	620.42	347.86	502.25
日均成交量（亿美元）	3.11	3.72	2.52	1.43	2.08

从表 3 - 3 ~ 表 3 - 5 的数据可知，从 2005 年外汇市场改革以来，我国银行间外汇市场的交易量呈现逐年增加的趋势。受美国次贷危机的影响，我国银行间外汇市场交易量有所波动，但随 2010 年全球经济的回暖，我国外汇市场的交易量又呈现上升的趋势。从以上分析可以看出，我国外汇市场的不断改革，使得我国外汇市场不断发展成熟，我国的外汇业务也逐年增加。从 1997—1998 年和 2008—2009 年的数据可以看出，我国外汇市场虽没有完全开放，但依然受到了金融危机的影响。而我国商业银行在经营外汇业务、管理外汇风险经验方面与国外同行相比有着较大的实力差距，因此，我国商业银行在外汇市场发展过程中面临的汇率风险呈增大的趋势。

3.2 商业银行汇率风险的理论分析

商业银行汇率风险可定义为在国际贸易和金融活动中，由于汇率的变动给银行以外币计价的资产负债业务、表外业务的当期收益或经济价值带来可能性损失的风险。引发汇率风险主要有两个因素：其一是在国际金融市场上，银行、企业由于操作不当，存在信用风险和道德风险，导致经营不善，因而给其境内外客户带来汇率风险；其二是由于汇率波动存在时间差、地区差及银行表内外业务币种和期限结构不匹配等因素，从而产生了不确定性。汇率风险可分为交易风险、折算风险和经济风险三类。

3.2.1 外汇交易风险

商业银行是经营外汇交易业务的重要金融机构，银行进行的外汇交易具体分为四种：第一种是平衡性交易，即商业银行为轧平外汇头寸而买卖外汇的交易操作，据以防范外汇风险。第二种是套汇性交易，即商业银行根据不同外汇市场、不同交割日期存在汇率差异从而赚取套汇利润的交易操作。第三种是投机性交易，即商业银行预测对汇率走势，并据此低卖高买某种货币以赚取投机利润。第四种是中介性交易，即商业银行作为中介同一般客户买卖外汇。以上四种外汇交易中，第三、第四种交易容易存在操作风险，表现在以下四个方面：①由于商业银行未按照或违反国家外汇资金交易政策及制度，而进行业务操作时产生的风险。②商业银行进行外汇资金交易时产生的操作风险。银行外汇交易操作主要包括判断汇率走势，管理客户资金交易保证金，确定每日外汇交易价格，设计合理的外汇金融衍生产品组合等。这些交易操作都有产生风险损失的可能。以商业银行确定每日结售汇价格操作为例，每日外汇中间价是由国家外汇管理局根据前一日银行间外汇交易市场上形成的价格为依据发布的，商业银行则在中间价的基础上加减点差得出各币种当日结售汇客户价格和总分行平盘价格。若当市场汇率波动幅度超过银行制定的客户价格和总分行平盘价格之差，商业银行就面临外汇交易风险。③商业银行外汇资金交易敞口风险。商业银行经营企业和个人的外币存款和汇兑业务，及时买入或卖出外汇，若汇率波动超出预期，就会出现敞口头寸或由于外汇借贷币种不匹配现象，产生交易风险。④商业银行外汇资金信用风险。2008 年美国次贷危机爆发，欧美地区进口商违约风险急剧上升，同时，大宗原材料市场价格出现剧烈波动，商业银行面临的信用风险增加。企业的偿债能力下降，商业银行的贷款风险和远期合约的违约风险则相应增加。

3.2.2　外汇折算风险

外汇折算风险亦称未实现的外汇风险，是指按某一时点的汇率，将以某一种货币表示的会计账项和会计报表上所反映的金额用另一种货币重新表述，由于汇率频繁变动而引起商业银行资产负债表部分外汇项目金额变动的潜在外汇风险。外汇折算风险产生的原因之一是在进行会计处理时需要将外币折算为本国货币计算，在编制会计报表、外汇账户及外汇损益重估时，由于汇率频繁波动，不同时期使用的汇率不一致，商业银行资金交易账户即客户在银行开立的银行账户和商业银行在其他金融机构开立的资金交易账户（如外汇存款、贷款账户）的重估价值会随着汇率的变动而变动，从而可能出现会计核算的损益，损益集中体现在商业银行的资产负债表中。由于商业银行资金交易账户是以外币为交易币种，以人民币反映损益的账户，因此根据外汇折算风险产生的原因，商业银行需要合理控制的外汇敞口。此外，商业银行的外汇风险还有可能产生在银行的资本结构中。国内商业银行的外汇资本金主要有三个来源渠道：渠道一是在境外股票市场，通过公开发行上市，以募集外汇资本金；渠道二是由境外的战略投资者认购国内商业银行部分股权注入的外汇资本金；渠道三是由国家通过中央银行货币政策实施将外汇储备注入商业银行体系而形成的外汇资本金。商业银行的外汇资本金在折算成人民币资本时受人民币汇率波动的影响，会发生相应变动。若汇率出现巨幅波动，国内商业银行的外汇资本金会因此遭受损失，导致资本充足率水平下降等不利于经营的结果。例如，人民币若出现较大幅度升值，则商业银行的外汇资本金数额会巨幅缩小，进而使得总资本金数额可能会发生较大缩水，从而资本充足率下降，影响商业银行的正常经营发展。

3.2.3 外汇经济风险

外汇经济风险是指因汇率非预期变动，商业银行未来现金流量因此发生预期之外的变化的一种潜在风险，此类风险将直接影响商业银行整体价值的变动。依据定义，汇率的波动会影响银行以本国货币折算的外汇资产和负债的价值，同时对银行的现金流产生影响。由于外汇经济风险不能被准确识别和测量，并且不同于交易风险和折算风险这类短期风险，长期、中期和短期内都存在外汇经济风险，在汇率变动可以预期的情况下，这种预期的变动会分解到金融市场中，因此要做到对外汇经济风险的实时防范。例如，汇率变动可能引起利率、价格、进出口、外汇信贷需求、进出口企业财务状况等经济情况变化，这些将直接或间接地对银行的国际结算业务、资金业务、外汇信贷规模、结构及客户信用风险等产生影响。

3.3 商业银行汇率风险度量的实证研究

3.3.1 基于外汇敞口分析的商业银行汇率风险度量

由于商业银行在进行资本金折算时会面临折算风险和交易风险，而折算风险出现的根本原因在于银行资本存在外汇敞口。外汇风险敞口指冲销后仍未能抵减的汇率敏感性资产或负债，即暴露在汇率风险中的净资产。根据汇率敏感性资产和负债持有目的的不同，商业银行外汇风险敞口一般分为交易账户的外汇风险敞口和银行账户的外汇风险敞口。外汇敞口风险可用累计外汇敞口比例来度量。度量公式具体如下：

$$累计外汇敞口比例 = 累计外汇敞口头寸/资本净额 \qquad (3.1)$$

其中

$$累计外汇敞口头寸 = 汇率敏感性外汇资产 - 汇率敏感性外汇负债$$

$$(3.2)$$

$$资本净额 = 资本 - 扣除项 = 核心资本 + 附属资本 - 扣除项 \qquad (3.3)$$

表 3 - 6 和表 3 - 7 是从 2005 年我国外汇市场改革以来，实行新的外汇管理政策之后的银行外汇敞口数额。

表 3 - 6　2005—2011 年中国银行外汇敞口分析　　（单位：百万元）

	2005 年	2006 年	2007 年	2008 年	2009 年	2010 年	2011 年
外币资产	2042982	2321407	2230612	1600640	1510953	1529333	1784616
外币负债	1558199	1652301	1633738	1139791	1154461	1234191	1464632
资产负债表内敞口净额	484783	669106	596874	460849	356492	295147	319984
资产负债表外敞口净额	- 171235	- 432751	- 451997	- 386704	- 251915	- 196128	- 233962
外汇敞口净额	313548	236355	144877	74145	104577	99019	86022
表外信贷承诺	500824	582439	721825	817478	602918	701929	767323

表 3 - 7　2005—2011 年中国工商银行外汇敞口分析　　（单位：百万元）

	2005 年	2006 年	2007 年	2008 年	2009 年	2010 年	2011 年
外币资产	494404	668330	739409	641288	642598	812497	1127553
外币负债	313513	424719	397400	433105	428403	580601	862263
资产负债表内敞口净额	180891	243611	342009	208183	214195	231896	265290
资产负债表外敞口净额	—	- 127780	- 204323	- 153796	- 163399	- 163326	- 183307
外汇敞口净额	180891	115831	137686	54387	50796	68570	81983
表外信贷承诺	102371	240354	297855	285414	335196	445740	519893

从表 3 - 6 和表 3 - 7 的数据可知，以上述两家国家控股商业银行为例分析，汇改实施之后至 2008 年以前，该两家商业银行的外汇敞口净额都达千亿人民币。从 2008 年开始，工商银行的外汇敞口金额有骤降，从

137686 百万元人民币下降到 54387 百万元人民币。此后的 3 年，直至 2011 年年底，工商银行的外汇敞口净额反而有所增大。中国银行的外汇敞口净额则在 2009 年升至 104577 百万元人民币，短暂的上升趋势后又延续 2008 年之前的下降趋势，2010—2011 年年底中国银行的外汇敞口净额逐年下降，2011 年年底下降为 86022 百万元人民币。

相较工商银行的外汇敞口净额，中国银行虽有效控制了外汇敞口净额值的额度，但是在国家控股商业银行中，中国银行的资产负债表内敞口净额最大，直至 2010 年的数据显示，是工商银行的两倍左右。中国银行大部分外币业务是美元业务，同时还有港元和少量其他货币。2005 年 7 月 21 日，人民币汇率形成机制改为参考一篮子货币、有管理的浮动汇率制度，根据本书前一部分的分析，可知人民币兑美元有着升值的压力，并且综合人民币汇率走势，可知人民币兑美元正持续升值。因此商业银行外汇敞口面临的汇率风险加大。中国银行于 2007 年与汇金公司签署了一份外币期权合同（汇金期权），名义本金 180 亿美元，对部分资产负债表内敞口净额（主要为 225 亿美元的外汇储备注资）进行了套期保值。中国银行表外外汇敞口净额值在国家控股商业银行中最高，2008 年之前呈现上升态势，说明中国银行采取了更为积极的外汇风险管理策略。然而，从 2008 年开始，受美国次贷危机的影响，全球经济增速放缓，国际国内金融市场震荡，由于人民币为非自由兑换货币，因此国内商业银行及其他金融机构都面临着较大的外汇金融风险。虽然中国的金融市场并未完全开放，国内经济受到的冲击相对较小，但经过数次汇率制度改革并最终形成当前的有管理的浮动汇率政策和银行股份制改革之后，国内商业银行也受到了此次经济危机的影响。按照我国现行的外汇管理政策，外汇兑换需要有关部门的批准，使得中国银行对于外汇敞口可采取的控制措施有限，因此从 2008 年开始中国银行的表外外汇敞口净额值有所下降。

工商银行表内敞口净额在 2008 年之前呈增长态势，2008 年出现骤降，之后三年又开始呈逐年增长的趋势。原因是美国经济增长势头有所回升，通胀、就业形势略有改善，而欧元区经济受主权债务危机拖累复苏乏力，区内各国经济增速进一步分化，增长前景不容乐观，日本经济受地震和海啸灾害冲击一度出现衰退，主要新兴经济体经济增长速度普遍放缓，面临稳增长、控通胀和防止短期跨境资本流动大幅波动的挑战。通过对历年分币种资产负债表分析，表内敞口净额的增长源于外汇同业存放款项及对外投资项目的增加，其中对外投资项目的增加在一定程度上受人民币汇率上升的影响。

表3-8的数据显示，以上两家国家控股银行的外汇敞口占资产的比例均不大，中国银行的累计外汇敞口比例呈现逐年减少的趋势。主要是由于中国银行使用了大量的外汇金融衍生工具对冲风险，2008年之前，外汇敞口净额已经得到了有效控制，累计外汇敞口比例逐年下降。2008年之后，外汇敞口净额受全球经济震荡的影响有所上升，但中国银行针对金融市场变动，通过采取结汇或对冲等交易方式管理和控制汇率风险，使得其外汇敞口净额在2009年激增之后，再次呈现逐年下降的趋势。工商银行的累计外汇敞口比例在2010年之前呈逐年减少的趋势，2010年之后维持在0.07与0.08之间波动。2008年工商银行累计外汇敞口比例有所回落，原因是工行2007年之后对冲表内敞口的表外项目增多，说明工商银行2007年运用外汇金融衍生工具等方法进行的外汇风险管理能力有了显著提高。综上所述，以上述两家国有控股商业银行为例，中国银行由于前身是国家外汇专业银行，所以其外汇敞口净额要比国内其他商业银行的大，但同时由于其早期就经营我国的外汇业务，其经营外汇业务的能力随着我国外汇市场的不断改革而得到提升。所以，自2005年汇改以来，虽然外汇市场的开放增大了我国金融体系所面临的外汇风险，但是中国银行通过有效的风险管理，逐年减少了其外汇敞口头寸。

表3-8　2005—2011年累计外汇敞口比例

年份	2005	2006	2007	2008	2009	2010	2011
中国银行	0.9611	0.495	0.2893	0.1902	0.2600	0.1959	0.0996
中国工商银行	0.5800	0.218	0.2387	0.0877	0.0693	0.0786	0.0736

工商银行的外汇敞口净值不及中国银行，但其外汇敞口净值正在逐年增加，尤其是 2008 年受美国次贷危机的影响，其外汇净敞口净值呈现大幅波动。这一组数据说明，国有控股商业银行的风险管理能力还有很大的提升空间，虽然其累计外汇敞口比例较小，但在外汇市场逐渐开放的条件下，其面临的外汇风险有明显增加（见表 3 - 9 ~ 表 3 - 11）。

表 3 - 9　2005—2011 年交通银行外汇敞口净额　　（单位：百万元）

年份	2005	2006	2007	2008	2009	2010	2011
外币资产	186031	180232	200439	239861	324471	324471	389245
外币负债	162931	164712	174454	217675	281787	281787	380320
资产负债表内敞口净额	23100	15520	25985	22186	42684	42684	8925
信贷承诺	61135	85484	—	476882	613384	838498	1062193

表 3 - 10　2005—2011 年招商银行外汇敞口净额　　（单位：百万元）

年份	2005	2006	2007	2008	2009	2010	2011
外币资产	25314	27641	38298	2779	1011	67050	83044
外币负债	20142	21898	29124	2375	606	61336	73116
资产负债表内敞口净额	5172	5743	9174	404	405	5714	9928
信贷承诺				271984	300828	437549	685626

表 3 - 11　2005—2011 年深发展银行外汇敞口净额　　（单位：百万元）

年份	2005	2006	2007	2008	2009	2010	2011
外币资产	10126	10385	11762	22536	23067	27231	37650
外币负债	9945	10464	12994	17145	20793	27425	33391
资产负债表内敞口净额	181	- 79	- 1232	5391	2274	- 194	4259

交通银行在 2005 年汇改实施初年其表内外汇敞口净值激增，说明外汇市场开放对交通银行的外汇业务产生了一定的影响，使其面临较大的外汇风险。但交行的表内外汇敞口净值得到有效控制，下降到 15520 百万元人民币，随后几年又呈现稳步上升的趋势。从表 3 - 10 可以看出，招商银行

外汇敞口净额处于股份制银行中等水平，整体呈上升趋势，这是由于招商银行外汇资产增速高于负债。招商银行亦采用了外汇金融衍生工具对冲汇率风险。深圳发展银行的第一大股东为新桥投资，持有的是非流通人民币股份，深发展无外汇资本金。深发展外汇敞口净额一度呈递减态势，2006年、2007年连续两年出现负值，意味着随着人民币汇率上升，深发展有汇兑收益。但自2008年开始，其资产负债表内敞口净额激增，随后几年得到控制。根据年报，深发展使用的外汇衍生工具主要是外汇远期合约。总结以上三个银行的数据可知，我国的外汇市场改革对我国股份制商业银行产生了一定的影响，使其面临的外汇风险加大。同时，由于我国外汇市场的交易量扩大，所以我国商业银行的外汇敞口头寸呈现上升趋势。但由于我国商业银行有效利用外汇金融衍生工具对冲汇率风险，所以外汇敞口头寸增加形势缓慢有序。

3.3.2　基于 Copula 函数的商业银行汇率风险度量

3.3.2.1　商业银行汇率风险度量的 SJC Copula 模型构建

商业银行汇率风险度量 SJC Copula 模型的构建分为两个主要步骤：首先是商业银行市场价值波动率的度量；其次是 SCJ Copula 模型的参数设置及估计。对于市场价值波动率的度量，本书采用 GARCH 模型来描述。对于 SJC Copula，二元 SJC – Copula 函数具有如下形式的分布函数：

$$C^{SJC} = \frac{1}{2} \left[C^{JC} \left(u, v; k, \gamma \right) + C^{JC} \left(1-u, 1-v \right) + u + u - 1; k, \gamma \right]$$

$$(3.4)$$

其中，$C^{JC} \left(u, v; k, \gamma \right)$ 为二元 Joe – Clayton Copula 函数，其分布函数为

$$C \left(u, v; \kappa, \gamma \right) = 1 - \left(\left\{ \left[1 - (1-u)^{\kappa} \right]^{-\gamma} + \left[1 - (1-v)^{\kappa} \right]^{-\gamma} - 1 \right\}^{-1/\gamma} \right)^{1/\kappa}$$

$$(3.5)$$

式（3.4）中，$\kappa \geqslant 1$，$\gamma > 0$。商业银行外汇风险度量的条件下尾相关系数（τ^l）和条件上尾相关系数（τ^u）分别为

$$\tau^l = 2^{-1/\gamma} \tag{3.6}$$

$$\tau^u = 2 - 2^{1/\kappa} \tag{3.7}$$

外汇风险度量的条件下尾相关系数和条件上尾相关系数分别由 κ、γ 单一的参数决定，因此可以比较方便地描述商业银行汇率风险尾部相关特征。用一个类似 ARMA（1，10）过程来描述二元正态 Copula 函数的相关参数。将时变相关系数用一个类似于 ARMA（1，10）的过程来描述。对于时变 SJC Copula 函数，其上尾和下尾时变相关系数的演化过程为

$$\tau_t^U = \Lambda\left(\omega_U + \beta_U \tau_{t-1}^U + \gamma_U \frac{1}{10}\sum_{j=1}^{10} |u_{t-j} - v_{t-j}|\right) \tag{3.8}$$

$$\tau_t^L = \Lambda\left(\omega_L + \beta_L \tau_{t-1}^L + \gamma_L \frac{1}{10}\sum_{j=1}^{10} |u_{t-j} - v_{t-j}|\right) \tag{3.9}$$

运用最大似然法等参数估计方法则可计算出商业银行资产市场价值和汇率变化之间的动态相关系数，从而可以较好地判断商业银行的汇率风险。

3.3.2.2　商业银行汇率风险的实证研究

（1）研究样本的选取。本节的研究样本是中国民生银行（以下简称民生银行），民生银行是一家股份制商业银行，于 2000 年在上海证券交易所上市，在 2005 年完成了股权分置改革，是一家具有特色的民营银行。为了判断样本银行市场价值受汇率变化的影响程度，本节选取人民币兑美元汇率、人民币兑港币汇率来分析民生银行的汇率风险，样本期限为 2004 年 1 月至 2013 年 12 月。

（2）研究变量的描述。首先对研究变量进行描述性分析。图 3-2 为研究变量的时序波动示意图，其中图 3-2（A）为商业银行市场价值波动率，在此用 V 来表达，其含义为样本银行市场价值的波动率，其大小由 GARCH 模型所估计；图 3-2（B）为人民币兑美元汇率变化率，在此用 RMB-USD 所表示；图 3-2（C）为人民币兑港币汇率变化率，在此以 RMB-HKD 来表示。

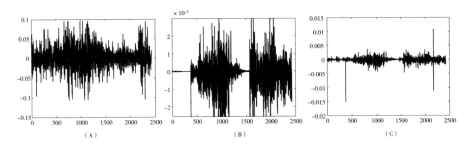

图 3 - 2 研究变量的时序波动示意图

（3）模型的参数估计结果及分析。对原始变量进行概率积分转换，转换后的数据服从 0 - 1 均匀分布，从而可以对 SJC - Copula 模型进行参数估计，所运用的估计方法为最大似然估计，计算软件为 MATLAB 7.0。通过计算，得到的样本银行汇率风险如图 3 - 3 和图 3 - 4 所示。图 3 - 3 为样本银行 V 与 RMB - USD 的动态相关系数，其中 SJC Copula Lower Tail 为下尾相关系数，SJC Copula Upper Tail 为上尾相关系数，由参数估计结果可

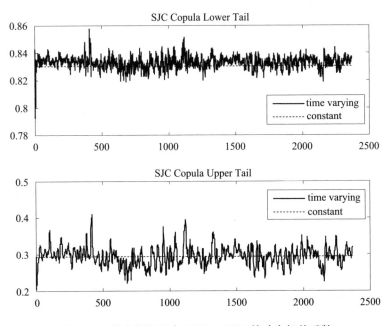

图 3 - 3 样本银行 V 与 RMB - USD 的动态相关系数

知,样本银行汇率风险比较显著,下尾相关系数反映了风险较大时的相关系数,该样本银行针对人民币兑美元汇率的下尾相关系数一直在 0.83 左右波动,说明在外汇市场波动较大时,商业银行业面临较大的风险。另外,该样本银行针对人民币兑美元汇率的上尾相关系数却比较小,反映出该样本银行对人民币兑美元汇率波动较小时的联动效应不强。

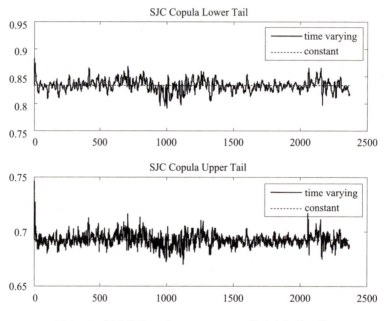

图 3-4 样本银行 V 与 RMB-HKD 的动态相关系数

图 3-4 同样为样本银行 V 与 RMB-HKD 的动态相关系数。类似地,SJC Copula Lower Tail 为下尾相关系数,SJC Copula Upper Tail 为上尾相关系数。与 RMB-USD 汇率不同的是,样本银行的 RMB-HKD 的上尾风险也较大,其值在 0.69 左右波动,这反映出内地与香港的经济休戚与共,经济上的联系使得商业银行汇率风险和外汇波动的联动效应更为明显。此外,从图 3-3 和图 3-4 还可以发现,样本商业银行的上尾汇率风险始终小于下尾汇率风险,这也反映出商业银行应该加强防范汇率波动较大时的汇率风险。

3.4 基于汇率变化的商业银行经营风险度量及分析

3.4.1 基于 GARCH – VaR 的汇率风险度量模型的参数估计

（1）样本选择及数据来源。本节选用人民币兑美元汇率进行 GARCH – VaR 模型的构建，样本自 2009 年 11 月 3 日开始，至 2016 年 2 月 15 日，共 1522 个交易数据。样本期内，人民币兑美元的汇率变化如图 3 –5 所示。

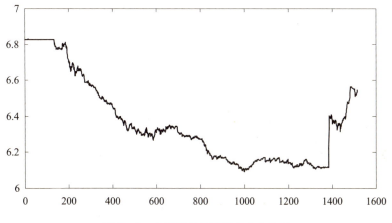

图3 –5 人民币兑美元汇率变化曲线

（2）基本统计特征分析。分别定义人民币汇率日收益率 R_{et}

$$R_{et} = \ln (ER_t) / \ln (ER_{t-1}) \tag{3.10}$$

其中 ER_t，ER_{t-1} 为 t 和 $t-1$ 时刻的人民币汇率，对样本汇率数据进行一般描述性统计分析。分析结果显示见表 3 – 12，汇率收益率序列 R_{et} 在 1% 的显著性水平下显著不服从正态分布。

表 3 –12 汇率描述性统计

平均值	最大值	最小值	标准差	偏度	峰度	J – B 值	p – value	观测值
0.00	0.018	– 0.01	0.001	1.73	41.76	96041	0.00	1522

（3）平稳性及异方差检验。对汇率日收益率 R_{et} 进行平稳性检验，其结果表明 ADF 统计量在 1% 的显著性水平下，R_{et} 序列拒绝随机游走的假设，也就是说，汇率收益率序列都为平稳的时间序列。为了分析两序列是否具有显著的异方差特性，采用 GARCH – LM 检验来进行测试。检验结果表明，拉格朗日乘数的 P 值均小于临界值 1%。由此可以得出，序列在 1% 的显著性水平下拒绝了原假设，汇率收益率序列存在着很显著的 ARCH 效应。

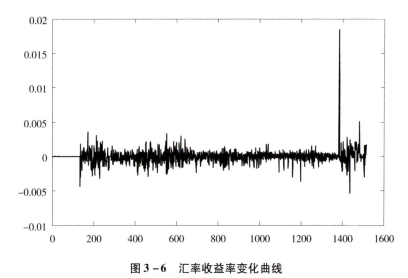

图 3 – 6　汇率收益率变化曲线

从图 3 – 6 可以发现，汇率收益率变化曲线呈现出波动集聚的特征，在一段时间内，波动较小，而在另一端时间内波动较大，具有较为典型的异方差特征，因此本节继续运用 GARCH 模型对其条件波动率进行建模。

（4）基于 GARCH – VaR 的汇率风险度量模型的参数估计。对 GARCH 模型设定为 GARCH（1，1）模型，运用极大似然估计法对参数进行估计，结果如表 3 – 13 所示。

表 3 – 13　GARCH – VaR 模型族参数估计

变量	系数	标准误差	z – 统计量	Prob.
Ret	0.022539	0.037298	0.604289	0.5457
方差方程				
C	7.64E – 07	3.85E – 08	19.84910	0.0000
RESID（－1）^2	0.324695	0.020264	16.02287	0.0000
GARCH（－1）	0.248348	0.037599	6.605100	0.0000
R – squared	0.002689	Mean dependent var		－ 3.32E － 05
Adjusted R – squared	0.002689	S. D. dependent var		0.001252
S. E. of regression	0.001251	Akaike info criterion		－ 10.65312
Sum squared resid	0.002378	Schwarz criterion		－ 10.63911
Log likelihood	8105.699	Hannan – Quinn criter.		－ 10.64791
Durbin – Watson stat	1.811369			

　　从方差方程的估计参数看，模型的参数在 5% 的置信水平下均显著，对方程的残差进行 ARCH 效应检验，发现残差不再存在异方差现象，以上方程能较好地描述汇率收益率序列的波动。

3.4.2　基于 GARCH – VaR 的汇率风险度量

　　对商业银行单位资产的外汇风险 VaR 值进行计算，结果如图 3 – 7 所示。

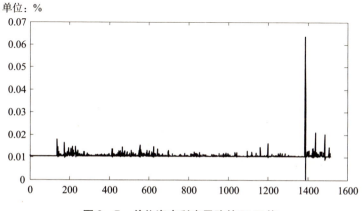

图 3 – 7　单位资产利率风险的 VaR 值

从图 3 - 7 可以发现,商业银行单位资产的汇率风险波动较大,在资产持有期内,一单位资产的最高损失超过了 0.05%,商业银行可根据计算出的 VaR 值提前采取汇率风险管理措施,以降低其潜在损失。相比利率风险,商业银行的汇率风险较小,这也反映了在市场风险方面,利率风险是最主要的经营风险之一。

3.5 商业银行外汇风险管理存在的问题及对策分析

3.5.1 商业银行汇率风险管理存在的问题分析

根据前面对我国汇率制度演变过程的介绍,并结合历年数据对我国商业银行在入世之后的汇率风险度量分析可知,至今为止,虽然人民币面临升值的压力,并处于缓慢升值中,但总的来说,因为我国实行的是有管理的浮动汇率制度,所以汇率波动范围不大。国内商业银行对外汇风险管理的水平普遍不高,缺乏必要的业务经营和风险管理的经验和技能。

(1)风险管理体系不完善。国内商业银行整个行业的外汇风险管理模式比较落后,外汇风险管理体系不够健全,风险内控体系有待加强。有些银行尚未将外汇风险(或市场风险)管理和控制部门从外汇业务经营部门独立出来,这些银行缺乏熟悉外汇业务和外汇风险的内审的专业性人才,银行内部职责分工不够清晰。由于外汇交易、外汇风险有较强的技术性,在缺乏专业性人才的条件下,银行外汇业务中的潜在风险点就很难被及时察觉。同时,内部审计对外汇风险管理体系的审计内容不够全面,没有合理有效的审计方法。

(2)风险识别方法不健全。要做到对外汇风险的有效管理,就必须做到对外汇风险进行较为准确的监测、计算与衡量,从而起到防范作用,降低损失。国外商业银行早在 20 世纪 70 年代就已经普遍使用敞口头寸衡量外汇市场风险,而我国商业银行在外汇风险的识别、计量、监测、控制方面起步较晚，风险管理能力相较于国外同类银行来说存在很大差距。据估计，国内商业银行的实际外汇净敞口头寸即便不含注资部分仍高达上千亿元人民币，可见风险的监测及控制能力较弱。与外汇敞口衡量方法一样，在外汇风险监测与计量操作上起着重要作用的另一种方法就是 VaR。国内很多商业银行尽管已经从国际上引入了标准化的风险计量系统，能够计算出 VaR 值，但由于缺乏经验，计算出的 VaR 值并没有被有效利用、整合到银行日常的风险管理过程中。

（3）风险管理的执行力不强。由于国内金融市场实施的是逐步开放的政策，国家对市场的管制尚未完全放松，因此，国内商业银行在外汇风险管理方面的经验尚浅，在外汇风险管理的政策和程序方面不够完善，执行力度有待加强。同时，缺乏外汇风险管理方面的专业性人才，国内商业银行在制定外汇管理政策和程序的专业性、准确性上与国外商业银行还存在很大的差距。国外的商业银行在外汇风险管理政策程序上有详细的规定，对每种外币的具体交易产品，列出了同意开展交易的产品清单，对特定的外汇产品还限定了交易的证券种类。目前，国内商业银行的外汇管理政策程序没有覆盖到各分支机构和各项产品、业务，制定的政策和程序往往过于原则，不易于实际执行。

（4）外汇资本金保值增值管理困难。在金融市场逐步开放的进程中，国内银行由于进行股份制改革和境外上市，商业银行外汇资本金规模因此不断扩大。目前市场上还缺乏人民币汇率衍生工具，已有的金融衍生产品规避汇率风险水平较弱，商业银行外汇资本金的投资领域主要集中于低风险溢价的固定收益产品，投资收益率相对较低，且投资品种单一。因此，国内商业银行的外汇资本金的保值增值管理存在困难。

3.5.2　商业银行汇率风险管理的对策及建议

（1）加强风险监测力度。目前，我国商业银行，诸如中国银行、中国工商银行已经引进了国外银行先进的风险管理系统，已经可以做到对银行历史数据进行有效整理并计算银行自身面临的风险价值。因此，在此基础上，顺应国家金融市场开放的大趋势，对其造成的影响进行全面的分析，对银行自身面临的汇率风险，应该做到时时监测，对其自身进行相应的调整，使汇率风险管理能够在其外汇业务的全程得到落实，预防汇率风险带来的资本金损失。

（2）提高高层管理者制定战略性职能的能力。商业银行的高层管理者要充分重视对汇率风险管理的必要性，从总行到基层行自上而下地加强汇率风险管理的意识、知识、经验和技能，像对信用风险管理的重视程度一样，重视本行的外汇交易风险敞口头寸管理，对外汇资产和负债形成的风险敞口大力关注。

（3）引进风险管理专业人才。在我国，大部分从事外汇业务和外汇风险管理的工作人员其专业水平不够高，这就需要银行更加注重引进这方面的人才，可以通过市场化的方法聘请业务水平高的交易员和风险管理人员。同时，专业的管理人才有着风险管理的专业知识储备，对于潜在风险因子有着高于普通人员的敏感性。因此，引进专业的管理人才有助于提高我国商业银行的风险经营和管理能力，做到有效防范。同时，定期对银行在职人员进行专业培训，培养适应我国金融市场环境的人员，提高银行整体的管理能力。

（4）调整银行资产结构。我国商业银行应合理控制并及时调整币种结构、期限结构、外汇资产负债结构，加强外汇资产的多元化，分散外汇风险。利用金融衍生工具来规避风险，降低银行外汇风险敞口净值，从而达到在我国金融市场开放进程中降低汇率风险对银行造成的资产损失的目的。

第4章　互联网金融市场视角下商业银行经营风险及管理对策分析

互联网金融在 2013 年以后强势崛起，对金融市场产生了较大的冲击，商业银行的业务和市场一方面受到了互联网金融市场的抢占，另一方面，商业银行业利用了互联网，拓宽了其业务范围，进而形成了新的竞争优势。本章以商业银行信用卡为例，分析互联网金融对商业银行经营风险的影响，若互联网金融市场的发展降低了商业银行的信用卡业务收入，则互联网金融市场增大了商业银行的经营风险，若未降低或提高了商业银行的信用卡收入，则降低了商业银行的经营风险。在实证研究的基础上，本章将根据实证结论提出互联网金融市场视角下商业银行降低经营风险的相关对策。

4.1　我国互联网金融市场的发展现状分析

我国互联网金融发展至今，形成了四种主要的业务模式：第三方支付、P2P 网络借贷、互联网理财和众筹模式。

4.1.1　第三方支付发展现状

第三方支付模式的发展最初是为网上交易活动而服务的，网络商户和消费者需要交易渠道用于进行网上支付。互联网技术的不断扩展和消费者便捷支付需求的逐步增加，使第三方支付平台逐步向信用卡还款、话费充值之类的生活服务以及保险和基金投资一类的金融领域拓展，发展势头十分迅猛。截至 2014 年 7 月，我国已有 269 家公司拥有第三方支付牌照，其中著名的有支付宝、银联商务、财付通、银联在线、快钱、拉卡拉、百度支付等，几乎所有发展到一定规模的互联网企业都想在第三方支付中分一杯羹。目前来说，第三方支付业务仍在成长，其经营模式也在不断探索，然而我们还不可准确估量这种新的方式所带来的风险，所以我们需要重点关注的是第三方支付业务在发展中带来的风险问题。

4.1.2 P2P 网络借贷发展现状

P2P 网络借贷指的是个人对个人的，将小额闲置资金积聚起来然后贷给有融资需求的个人的一种商业模型。个人的闲置资金能通过互联网平台与融资需求者高效地配对，提高了资金的利用效率。现在的情况是 P2P 网络借贷在我国没有得到较好的监管，它没有统一的行业标准和准入门槛。现在市场上的 P2P 平台主要存在以下四大运营模式：金融机构信用加担保机构担保模式、小额贷款担保模式加 FICO 评分模式、风险备用金模式以及担保机构担保模式。数据显示，截至 2014 年 3 月，我国 P2P 网络借贷企业共有 667 家，总的贷款额度超过了 390 亿元，并且增速较快。但是值得注意的是 P2P 平台也是有风险的。例如，2014 年 4 月，有消息称我国著名的 P2P 网络借贷企业宜信有高达 8 亿元人民币坏账，所以 P2P 网络借贷的发展模式和风险也是值得关注的。

4.1.3 互联网理财的发展现状

2013 年 6 月 13 日，阿里巴巴旗下的支付宝与天弘基金合作，成立了我国第一只互联网基金——天弘增利宝，就是我们所熟知的"余额宝"（收入状况参见表 4 - 1）。余额宝的销售规模以及客户规模一再刷新纪录。余额宝用十分便捷的方式，让没有金融专业知识的普通大众都有了投资基金的机会。在发展之初，余额宝的收益远远高于银行同期存款利率，这对于普通大众是非常具有吸引力的。天弘增利宝货币基金 2014 年年报显示，截至 2014 年年底，余额宝规模为 5789.36 亿元，用户总数增至 1.85 亿人，2013 年全年余额宝总共为客户创造了 240 亿元的收益。余额宝的推出影响了银行的活期存款业务，这一点可以由余额宝的收入构成看出，如表 4-1 所示。余额宝的出现和巨大的成功，让各个互联网企业巨头们按捺不住热情，随之而来的百发、天天富、添金计划等以互联网金融为基础的各种货币基金理财产品纷纷涌现。但是这些互联网金融平台销售的货币基金在吸引用户时并没有对用户在投资货币基金方面存在的风险进行明确的告知，这是因为收益的波动产生的风险有可能会造成客户与互联网金融销售企业之间的纠纷。

表 4-1　2013 年余额宝收入构成表　　　　单位：亿元人民币

2013 年余额宝总收入	存款利息收益	债券利息收益	其他
20.14	18.53	1.01	0.6

数据来源：《中国结算统计月报 2013 年 12 月》。

4.1.4　众筹模式发展现状

众筹模式指的就是大众筹资，这种新型的互联网金融模式是由发起人、跟投人和众筹平台组成，它的特点主要有准入门槛低、筹款方式多样和注重创意创新等。另外，众筹模式的创新点在于投资者得到的回报不是所投入的资金和利息，而是与该投资项目相关的实物、作品或媒体内容等。目前，这种筹资模式主要在青年人群体中进行，而且也是线上商家进行广告推广的一种有效的新策略。众筹模式首先在西方发达国家兴起，近年来在我国也得到了很快的发展，根据《发展中国家众筹发展潜力报告》可知，到 2025 年，我国预计的众筹模式融资规模将达到 460 亿~500 亿美元。

我国的互联网金融行业现在处于起步阶段，正在如火如荼地发展中。各种类型的互联网金融业务都有各自的优点和不足。通过互联网金融的平台，便捷的支付、投资和筹融资手段让金融业这种专业知识要求较高的行业变得更加亲民，使得普通群众的经济生活更加丰富。国内外主要的互联网金融及业务参见表4-2。

表4-2 互联网金融模式及国内外主要代表业务

主要模式	国外代表业务	国内代表业务
第三方支付	Paypal、Amazon、Payment	支付宝、财付通、微信支付
P2P网络借贷	Lending Club、Prosper	人人贷、拍拍贷、宜人贷
互联网金融销售	Paypal、共同基金	余额宝、百度理财平台
众筹模式	Kick Starter、Punders Club	追梦网、点名时间

资料来源：作者根据网络资料整理。

4.2 互联网金融市场及对商业银行经营影响的理论分析

4.2.1 互联网金融的特点分析

互联网的发展已广泛渗透到了各个领域中，极大地拓展和丰富了人们的思维模式、视野和行动空间，给社会发展带来巨大的推动力，同时也高效地促进了金融业的开放性和互通性。互联网金融服务的特点是具有经济性、高效性和快捷性，因为其服务是建立在互联网云计算和大数据的基础之上的，所以互联网金融服务的效率及产品定价的精度相对于传统银行业得到了大大的提高。互联网金融利用网络平台的优势，为客户尤其是年轻人及高学历客户群体提供了高效便捷的服务方式。消费者使用互联网平台进行交易时所产生的交易成本相比于传统交易方式大幅下降，这能很好地满足客户的金融服务需求。互联网金融客户在进行交易和转账业务时不再高度依赖于实体网点，只需要通过一部连接了互联网的智能手机或计算机设备终端就可以随时随地完成款项的划转和借贷，这让消费者的生活变得十分方便。互联网金融的服务对象主要在于小微企业和个人。一般情况下，商业银行更偏好于大型企业和客户，尤其是信贷业务。然而互联网金融就弥补了中小微企业和个人融资者的市场空白。因为互联网金融的参与主体大多是个人消费者，互联网金融平台的资金大多数是来自个人参与者的闲散资金，所以不管是资金来源还是去处，大多是面向中小微型企业以及融资者个人的。互联网金融的发展一部分是得益于金融监管的缺失，这也导致了经营风险较高。由于互联网金融在我国是新兴产业，目前我国对互联网金融的监管仍然处于起步阶段，因此对互联网金融有比较多的监管漏洞。互联网金融之所以能得到迅速发展，其中一个因素就是因为互联网平台的监管机制还不完善，对于互联网金融的起步没有最低资本要求，互联网金融企业仅仅依靠互联网技术进行风险和信贷评估，这导致了较大的风险隐患。另外，由于互联网金融企业权责分工不明确，现行的监管制度也不太完善，如果出现违约，消费者无法用切实的法律依据来维护权益。

4.2.2　互联网金融市场对商业银行经营风险影响的理论假设

4.2.2.1　互联网金融市场对商业银行影响的溢出效应假说

溢出效应一般指的是某一行业或某一地区的生产率或盈利能力的提高，而导致其他行业或地区的生产率或盈利能力提升（参见陈涛涛和陈娇等，2006）。本节以信用卡业务为例，分析互联网金融市场对商业银行经营风险的影响。从理论上看，互联网金融的发展可能会引致商业银行信用卡业务的发展。

（1）互联网金融极大地降低了金融交易成本。互联网金融的出现改变了金融业态，提高了信息的透明度，实现了金融信息的移动化。传统金融的转账、支付、结算等功能能够在较短时间内实现，大大降低了信息搜寻成本和交易时间成本。互联网金融的这些优势在促进其自身发展的同时，也惠及了传统商业银行的信用卡业务，随着互联网金融的发展，信用卡用户的消费习惯也得以改变，商业银行信用卡大多绑定了移动终端，实现了消费和支付的便利性，与此同时，一些商业银行开始与互联网金融平台合作，更深层次地运用互联网金融平台，提高其自身业务的竞争力。

（2）互联网金融拓宽了商业银行信用卡业务的交易渠道，提升了交易效率。互联网金融快速发展，越来越多的银行可以通过互联网渠道直接申请信用卡。互联网已经深入渗透到我们的日常生活，随着互联网网民的持续增长，信用卡的互联网支付模式凭借着自身操作便捷和普惠共享的特点，直接影响了信用卡网络支付的客户和交易规模的增长，这样也就促进了信用卡业务的增长。随着互联网与电子计算机技术在支付领域的拓展，出现了越来越多的新的支付终端和交易渠道，这样就充分拓展了信用卡的交易渠道，提高了支付效率，促进了商业银行信用卡业务的发展。

（3）互联网金融提供的数据能有效强化商业银行信用卡的风险管理。通过与互联网金融的合作或商业银行自身运用互联网工具，其收集的消费者数据会越来越丰富，基于互联网计算机平台的信用卡业务能有效地进行数据的集中处理，并且，在商业银行的互联网计算机平台上，信用卡业务的发卡、收单和交易业务都可以由总行的网络系统进行集中管理。同时，总行还可以按照整体的策略及时有效地进行统一规划和部署风险管理及业务控制，由此可以提高商业银行信用卡业务的风险管理能力，降低风险事件对信用卡业务的利润侵蚀。

基于以上分析，商业银行信用卡业务可能受益于互联网金融的发展，互联网金融所带来的技术进步可能会产生正外部效应，进而形成互联网金融的溢出效应，因此本书的研究假设 1（H_1）为：

H_1：互联网金融对商业银行信用卡业务形成溢出效应，即互联网金融的发展会促进商业银行信用卡业务的发展。

同时，互联网金融对商业银行信用卡业务的溢出效应可能通过直接和间接渠道形成。直接渠道为互联网金融通过交易成本、交易效率以及风险管理等方式直接促进信用卡业务的发展，而在间接渠道方面，互联网金融首先影响商业银行网络银行业务的开展，网络银行拓展了传统银行业的边界，实现了银行接触面的时空延伸，因而可加快信用卡业务的发展，由此形成研究假设 2（H$_2$）为：

H$_2$：网络银行业务是互联网金融与信用卡业务的连接通道，网络银行业务在互联网金融溢出效应产生过程中发挥中介作用。

4.2.2.2　互联网金融市场对商业银行影响的替代效应假说

从理论上看，互联网金融的发展可能会对商业银行信用卡业务形成溢出效应，同时也可能形成替代效应，即互联网金融的发展会替代商业银行信用卡的某些功能，与商业银行展开竞争，从而降低商业银行的信用卡业务收入或阻碍其业务的发展。

（1）互联网金融提供成本更低的支付服务或"类信用卡"授信服务。互联网金融企业为了与商业银行争夺市场而降低手续费标准，有的甚至直接免收手续费。然而传统的商业银行信用卡业务则严格受到央行以及相关职能部门的监管，其手续费的收取都有严格统一的标准。一部分互联网金融企业绕开金融监管，向个人提供"类信用卡"授信服务，可能会挤占商业银行信用卡市场。

（2）互联网金融的信息集成化优势明显。商业银行信息系统的集成化程度比较低，互联网金融企业本身就是信息服务的主体，他们能利用互联网平台充分搜集数据和进行反馈分析，这样就形成集成化的优势，传统的商业银行在信息集成方面的能力还有所欠缺。

（3）互联网金融在替代传统金融业务过程中伴随着一定程度的网络欺诈。互联网是一个开放的公众性的平台，信用卡客户的资料和保密信息很容易被网络黑客窃取，由于对互联网犯罪的监管难度更高，信用卡业务的欺诈犯罪出现了向互联网金融渠道聚集的趋势，无卡交易欺诈犯罪的比率大幅提升，影响了我国商业银行信用卡市场的健康发展，这些问题的出现可能会降低商业银行信用卡业务的收入，并可能阻碍信用卡业务的发展。

基于以上分析，本书认为，互联网金融的发展可能会给商业银行带来替代效应，商业银行在替代效应的影响下，其信用卡业务可能会受到阻碍，由此，形成研究假设 3（H_3）为：

H_3：互联网金融的发展会给商业银行带来替代效应，从而阻碍信用卡业务的发展。

4.3　互联网金融对商业银行经营风险影响的实证研究

为了验证研究互联网金融对商业银行信用卡业务的溢出效应与替代效应，判断互联网金融是否促进商业银行信用卡业务的发展，本节以上市商业银行为样本，运用结构方程模型对研究假设 $H_1 \sim H_3$ 进行检验。

4.3.1　研究样本与变量选择

研究样本为 2007—2013 年信用卡业务数据信息披露齐全的 8 家上市商业银行，分别为：北京银行（SH601169），建设银行（SH601939），民生银行（SH600016），平安银行（SZ000001），兴业银行（SH601166），招商银行（SH600036），中国银行（SH601988），中信银行（SH601998）。样本数据来源于 Wind 数据库、上海证券交易所网站、深圳证券交易所网站、国家统计局、中国银行业监督委员会网站、新浪财经和网贷之家。

商业银行网络银行发展状况指标来源于 Wind 数据库中的网银交易总额、网银客户总数、网银交易笔数，分别以 y_1，y_2 和 y_3 表示，对于商业银行信用卡业务发展状况，本书以信用卡业务收入和信用卡新增发卡量来衡量，将其分别定义为 y_4 和 y_5。对于互联网金融的发展程度，由于目前还没有统一的指标对其进行度量，本书综合运用多指标方法间接测量：第一类指标为第三方支付金额（x_1），第三方支付是互联网金融的主要代表之一，能够较好地反映互联网金融的发展状况；第二类指标为网贷余额（x_2）；第三类指标为与互联网金融联系紧密的上市公司营业收入，分别选取东方财富和同花顺两家上市公司，其营业收入分别以 x_3 和 x_4 代表。同时，引入宏观经济状况、商业银行运营能力和商业银行市场竞争能力等指标，全面分析商业银行信用卡业务的影响因素。其中，宏观经济状况以 GDP 增长率（x_5）、CPI（x_6）、M0 增长率（x_7）和 M1 增长率（x_8）表示；商业银行运营能力分别以现金及现金等价物周转率（x_9）、固定资产周转率（x_{10}）、总资产周转率（x_{11}）和股东权益周转率（x_{12}）表示；市场竞争能力通过银行资产与全国商业银行总资产之比（x_{13}）、银行负债与全国商业银行总负债之比（x_{14}）、银行存款与全国商业银行总存款之比（x_{15}）和贷款与全国商业银行总贷款之比（x_{16}）来衡量。样本变量的描述性统计参见表 4 – 3。

表 4 – 3　研究变量的描述性统计

变量	最小值	最大值	平均值	标准差
x_1（亿元）	759.05	53729.90	19015.22	18839.98
x_2（亿元）	0.05	268.00	48.11	92.56
x_3（万元）	6734.86	28030.80	17698.88	7338.37
x_4（万元）	8640.86	21527.50	16860.21	4576.64
x_5（%）	6.60	13.60	9.46	2.38
x_6（%）	1.20	6.50	3.33	1.71
x_7（%）	7.10	16.70	11.71	3.14
x_8（%）	6.50	32.40	15.36	9.09
x_9	0.14	0.68	0.28	0.10
x_{10}	1.97	13.10	6.11	2.77
x_{11}	0.02	0.04	0.03	0.00
x_{12}	0.28	0.83	0.47	0.11
x_{13}	0.01	0.13	0.04	0.04
x_{14}	0.01	0.12	0.04	0.04
x_{15}	0.01	0.13	0.04	0.04
x_{16}	0.01	0.12	0.04	0.04
y_1（亿元）	1695.77	1367800.00	250634.47	286453.80
y_2（万户）	41.42	15280.00	1762.16	3277.45
y_3（万笔）	83.99	715900.00	80992.16	153855.36
y_4（万元）	1001.94	1904100.00	332528.75	405625.41
y_5（万笔）	0.70	7.06	5.28	1.19

从研究变量的描述性统计来看，x_1，x_2，x_3，x_4，y_1，y_2，y_3和y_4的方差较大，对其进行对数化处理，经此预处理后再进行建模分析。商业银行信用卡业务收入（2007—2013 年）和第三方支付金额（2007—2013 年）参见图 4-1 和图 4-2。

（单位：万元）

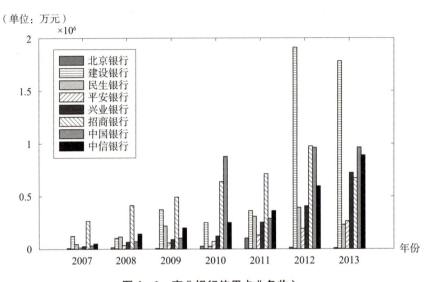

图 4-1　商业银行信用卡业务收入

（单位：亿元）

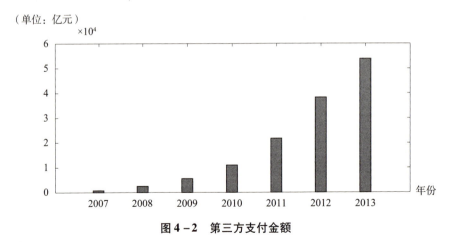

图 4-2　第三方支付金额

从图 4-1 和图 4-2 可以发现，商业银行信用卡业务收入和作为互联网金融发展指标的第三方支付金额均呈增长的趋势，且增长趋势一致性较强，由此可见，互联网金融与商业银行信用卡业务收入之间可能存在某种程度的关联，而这种关联关系需要在以下的实证研究中进行验证。

4.3.2　模型的选择与设定

为了验证互联网金融对商业银行信用卡业务的影响，本书运用结构方程模型进行实证研究，这是因为结构方程模型能够同时处理测量与分析问题，且适用于处理关系复杂且变量较多的样本。本书设计的结构方程路径图如图 4-3 所示。

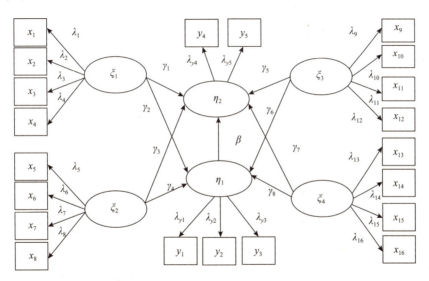

图 4-3　结构方程模型的路径图（模型设定）

图 4-3 中，$x_1 \sim x_{16}$，$y_1 \sim y_5$ 分别如上所述，$\xi_1 \sim \xi_4$ 分别代表互联网金融、宏观经济、商业银行营运能力和竞争力的潜变量，η_1 和 η_2 分别为网银业务状况和信用卡业务状况潜变量。对 $x_1 \sim x_{16}$，$y_1 \sim y_5$ 进行探索性因子分析，发现网贷余额（x_2）在因子 ξ_1 的荷载系数为 0.22，GDP 增长率（x_5）、CPI（x_6）在因子 ξ_2 的荷载系数为 0.43 和 0.36，固定资产周转率（x_{10}）在因子 ξ_3 的荷载系数为 0.10，这些变量的荷载系数均低于 0.50，所以在结构方程建模过程中予以剔除，保留余下的变量进行分析。

4.3.3　模型的参数估计及结果分析

运用 t 法则对结构方程模型是否有解进行识别，t 法则识别的步骤如下：①定义 p 为结构方程模型中 y 观测指标的数量、q 为观测指标 x 的数量，判断方差或协方差矩阵的数量（k），且 $k = (p+q)(p+q+1)/2$。在本书中，$p=5$，$q=12$，所以 $k=153$。②定义 t 为结构方程模型中待估参数的个数，比较 t 与 k 的大小，模型识别的必要条件是：$t<k$，本书中，待估自由参数小于 k，由此可知本书所构建的结构方程模型能够识别。接着运用最大似然估计方法对结构方程模型进行参数估计。在参数估计过程中，本书运用 LISREL 8.7 对结构方程模型的参数进行估计。模型的估计结果及其评价指标参见表 4-4 和图 4-4。

表 4-4　模型整体拟合度结果

指标	绝对拟合度			简约拟合度			增值拟合度	
	GFI	SRMR	RMSEA	PNFI	PGFI	NFI	NNFI	CFI
评价标准	>0.9	<0.08	<0.08	>0.5	>0.5	>0.90	>0.90	>0.90
模型结果	0.92	0.02	0.07	0.55	0.53	0.91	0.93	0.92
拟合情况	理想	理想	理想	理想	理想	不理想	不理想	理想

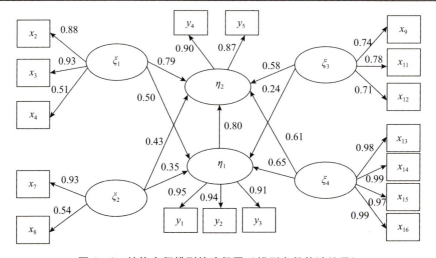

图 4-4　结构方程模型的路径图（模型参数估计结果）

整体拟合度包括绝对拟合度、简约拟合度和增值拟合度三类指标，以上三类指标的结果及其评价标准参见表 4 – 4。

从表 4 – 4 可知，结构方程模型总体拟合效果良好，绝对拟合度、简约拟合度和增值拟合度都满足相关统计标准，虽然增值拟合度的评价指标不甚理想，但与标准值也比较接近，估计出的模型与实际模型不存在显著性的差异，样本数据与结构方程模型的拟合程度较高，模型相对简约。因此，可以判定模型的整体拟合度较好，可以在此基础上进行假设验证。

从结构方程模型的参数估计结果可以发现：

（1）互联网金融显著影响了商业银行信用卡业务的发展，在潜变量 $\xi_1 \sim \xi_4$ 中，互联网金融（ξ_1）对信用卡业务的影响最大，影响系数达到了 0.79，高于其他潜变量的影响程度，这表明互联网金融的发展具有溢出效应，在一定程度上促进了商业银行网络银行的发展。目前来看，几乎所有上市商业银行均推出了网上银行业务和电商平台，这一方面可能是互联网金融倒逼的结果，另一方面也源于商业银行已经意识到了未来经营的趋势，主动加强了网络银行及电子平台的建设。

（2）互联网金融对网络银行业务的影响系数为 0.50，说明网络金融对信用卡业务的发展有正向促进作用，同时，网络银行业务对信用卡业务的影响系数为 0.80，表明互联网金融对信用卡业务的正向促进作用可能来源于网络银行业务的传导作用。网络银行业务的开展增加了客户与银行的接触面，为信用卡业务的宣传和办理提供了便捷渠道。由此可见，互联网金融对商业银行信用卡业务有一定的溢出效应，而互联网金融的发展并没有形成显著的替代效应，即研究假设 $H_1 \sim H_2$ 得到了验证，而研究假设 H_3 没有得到验证。

（3）宏观经济、营运能力和竞争能力分别对网络银行业务有较强的影响，这反映出信用卡业务的发展是多方面因素综合影响的结果。值得关注的是，宏观经济潜变量和传统的营运能力潜变量并没有对商业银行信用卡业务产生较大的影响，这在一定程度上反映了在互联网经济时代，以传统指标来考察商业银行的业务发展可能并不具有较好的适应性。而竞争能力指标对信用卡业务的影响较大，这也反映了无论外在经营环境如何变化，强化自身竞争能力始终是业务发展的关键。

4.4　互联网金融条件下商业银行经营风险管理对策分析

本书从理论和实证等角度分析了互联网金融对商业银行信用卡业务的影响，发现互联网金融对商业银行信用卡业务有较强的溢出效应，而替代效应却不显著，即当前互联网金融市场并没有显著增加商业银行的经营风险，这可能是因为商业银行在互联网金融的影响下，积极开展了互联网金融业务，对冲了新兴互联网机构抢占金融市场所带来的负面效应。为了更好地应对互联网金融所带来的冲击，降低其经营风险，商业银行可以采取以下措施。

（1）加强互联网金融思维的开拓，将互联网的开放精神和合作精神融入商业银行的业务，如信用卡业务发展中，实现优势互补。在产品的设计中，注重电子计算机与互联网类型的产品开发，如电子钱包、芯片卡。另外还需要把互联网的精神融入信用卡业务营销中，信用卡业务的营销手段可以从传统的方式转变为投放互联网、微信、微博广告等。

（2）商业银行在业务发展过程中应加强互联网金融大数据的应用。在信贷业务方面，商业银行可以运用大数据识别风险，对客户进行准确定位，并进行全方位跟踪的贷后风险管理。商业银行信用卡业务同样也应该有效地使用大数据。首先可以利用互联网大数据资源进行客户管理。将信用卡业务与互联网大数据模式有机结合，还需要对已有的存量数据进行资源整合和新的利用。商业银行信用卡业务可以将客户数据信息与互联网大数据信息结合，深度挖掘信息和数据的价值。此外，商业银行可以将大数据技术运用到资产业务管理中，对资产业务的风险进行更准确的度量。

（3）加强互联网金融人才的培养。互联网金融人才包括产品人员、互联网金融产品分析专员、电子商务人员、互联网开发人员以及互联网大数据分析员等。积极吸收互联网金融人才，例如，商业银行的信用卡业务还应注重创新型人才的培养，重视互联网金融与信用卡业务双重背景人才的运用。通过多种创新途径，商业银行可以化不利条件为有利条件，充分发挥自身在金融业务方面的传统优势，降低其经营风险，在金融市场中形成新的竞争优势。

第5章　资本市场视角下商业银行经营风险度量及管理对策分析

近年来，随着资本市场的发展，资本市场对商业银行的影响越来越大，在此背景下商业银行的经营决策需要考虑资本市场股票价格和投资者的情绪等。本章在资本市场视角下，从资本市场投资者情绪对商业银行风险承担的影响和商业银行股票价格的波动两个方面来分析商业银行的经营风险。

5.1　资本市场投资者情绪对商业银行经营风险影响的理论分析

投资者情绪是市场参与者情绪的集合，能够反映市场投资者的投资意愿与市场运行状况，其变化不仅直接对资产价格产生影响，而且能够对市场参与主体的行为产生重要影响。商业银行是金融市场的一类重要参与主体，其风险承担行为本质上是商业银行根据内外环境而进行资源配置的行为。在稳健型业务上配置的资源较多，则商业银行风险承担较小；反之，在激进型业务上配置的资源较多，则其风险承担较大。在行为金融的分析框架下，投资者的情绪可以通过不同渠道来影响商业银行风险承担行为，具体来说，投资者情绪对商业银行风险承担的影响有以下几种方式。

一是管理层对投资者情绪的迎合行为。刘红忠和张昉（2004），Polk

和 Sapienza（2001）的研究表明，越是价格被高估的企业越是容易过度投资。史金艳、李燕和李延喜（2012）认为，如果经理人拒绝投资者认可的项目，投资者会抛售其持有的股票，由此会产生较大的外部治理压力，因此，经理人会迎合投资者所认可的项目，从而增加其投资。潘敏和朱迪星（2010）的研究表明，在经理人理性、投资者非完全理性的情况下，投资者情绪波动导致的市场错误定价会通过迎合渠道对上市公司经理人的投资决策产生影响。朱朝晖等（2012）以 2003—2010 年我国上市公司为对象进行研究，发现公司管理者同时存在迎合心理和保守主义倾向，而迎合投资者情绪进行投资，是投资者情绪影响公司投资水平的主要渠道。刘志远和靳光辉（2013）认为投资者情绪不仅影响证券估价，而且影响公司资本投资决策，并且投资者情绪对投资非效率有"恶化"和"校正"两方面的作用。张庆和朱迪星（2014）改变 Baker 等提出的基于投资者非理性假设下的经理人三目标体系，分析了投资者情绪对企业投资行为的影响，认为企业管理层会有迎合投资者情绪，从而产生"迎合投资行为"，但管理层持股会抑制迎合投资行为。现有研究虽然较少研究投资者情绪对商业银行投资行为的影响，但商业银行作为一类特殊的企业，其经营行为也可能会受到投资者情绪的影响。在投资者情绪高涨时，其对未来有更高的预期，而为了提高股权价值，商业银行经营管理者会迎合投资者情绪和预期，进一步采取扩张的经营行为，如增加贷款的投放额度、投资不确定性项目等。在迎合动机的驱动下，商业银行所承担的风险会随着投资者情绪的高涨而增加。

二是情绪传染所引起的过度乐观和过度自信会影响商业银行的风险承担。管理者的各种心理特征，如过度自信、心理账户和风险偏好等，会影响企业的投资决策。二级市场投资者会将其情绪传染给企业管理层，造成管理层的过度自信或过度乐观（悲观），从而形成商业银行的投资过度（投资不足），因此投资者情绪会对商业银行风险承担产生影响。现有研究从理论或实证角度分析了投资者情绪，以及管理层乐观对企业或银行风险承担的影响。余明桂、李文贵和潘红波（2013），李婉丽、谢桂林和郝佳蕴（2014）以及章细贞和张欣（2014）等研究发现过度自信的管理者，其所在企业的风险承担水平更高。Nofsinger（2005）认为投资者情绪会影响商业银行管理层的乐观程度。花贵如、刘志远和许骞（2011）将累积月度股票收益作为投资者情绪的替代性指标，研究发现投资者情绪通过"管理者乐观主义的中介效应渠道"对企业投资行为产生影响。其后，张丞、卢米雪和桑璇（2014）证实了投资者情绪对商业银行高管乐观程度的影响。由此可见，投资者情绪可能会使商业银行管理层出现过度乐观或过度自信，从而导致商业银行业务扩展速度超出其实际承担能力，进而增加其风险承担水平。

三是股权融资渠道。投资者情绪使商业银行股票价格偏离其基本价值，影响商业银行增发新股的股权融资成本，进而影响企业投资行为。Baker，Stein 和 Wurgler（2003）将企业按融资约束程度分组，发现股权融资依赖型企业的投资行为对股票价格波动的敏感性几乎是非股权融资依赖型企业的 3 倍。Gilchrist，Himmelberg 和 Huberman 以分析师盈利预测方差作为投资者情绪的替代变量进行实证研究，结果表明投资者情绪高涨时，企业发行新股能降低融资成本，扩大企业投资规模，从而证实了投资者情绪通过股权融资渠道影响企业投资行为。Chang（2006）等运用澳大利亚资本市场的数据证实了投资者情绪通过股权融资渠道对企业投资行为产生影响的观点。Bakke 和 Whited（2010）的研究发现，投资者情绪引起的市场上股票价格的波动会明显改变企业的融资结构，进而改变企业的投资决策。商业银行作为一类特殊的企业，虽然其融资的主要来源并非资本市场，但资本市场的股票价格会在一定程度上影响其融资成本，当市场情绪高涨时，投资者对其的乐观预期可能会降低其在债券市场和股权市场的融资成本，并增加资金的供应，商业银行管理层因此可能会扩大融资规模，并扩张其业务，从而增加商业银行的风险承担水平。基于以上三方面的分析，本书提出理论研究假设 H_1：投资者情绪对商业银行风险承担水平会产生正向影响，即投资者的乐观情绪会增加商业银行风险承担水平。

5.2 资本市场投资者情绪对商业银行经营风险影响的实证研究

本节以上市商业银行为实证研究对象，运用面板数据模型进行实证检验理论假设 H_1，从而发现投资者情绪对商业银行风险承担的影响规律。

5.2.1 实证研究样本

在实证研究过程中，部分城市商业银行和农村商业银行的数据难以获取，因此本书选取在沪深证券市场上市交易的 16 家商业银行为研究样本。同时为了保证数据统计口径一致，样本期自新会计准则实施开始，即 2007—2013 年。为了增加样本数量，本书采用季度数据进行模型参数估计和实证研究。数据来源于国泰安数据库、上海证券交易所网站和深圳证券交易所网站。

5.2.2 投资者情绪的度量

关于投资者情绪的度量，已有研究大多从整体市场的角度选取了投资者情绪的度量指标，如姚德权等（2010），李合龙和冯春娥（2014）等，区别于以上研究，本书从单支证券的角度来衡量投资者情绪，选取换手率（Turnover）作为投资者情绪的原始度量指标，并运用该指标做进一步的处理。处理原则和过程如下：

由于换手率不能区分投资者情绪中的乐观和悲观情绪，本书将原始换手率（Turnover）乘以正负系数作为投资者情绪（SEN）的度量指标

$$SEN_d = \begin{cases} Turnover \times 1 & if\ Return \geq 0 \\ Turnover \times (-1) & if\ Return < 0 \end{cases} \tag{5.1}$$

其中，SEN_d 为个股每日的投资者情绪，Return 为商业银行个股的日回报率，为了与商业银行风险承担和其他控制变量的周期一致，本书在计算个

股每日投资者情绪的基础上计算季度内日平均投资者情绪，并以此度量季度投资者情绪，度量结果如图 5 - 1 所示。

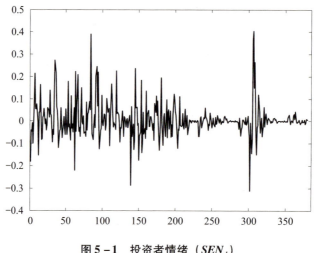

图 5 - 1　投资者情绪（SEN_d）

图 5 - 1 中，横坐标为不同商业银行在不同时期的样本编码，纵坐标为商业银行风险承担的度量结果。可以发现，投资者情绪有较强的波动集聚特点。借鉴李合龙和冯春娥（2014）的研究，运用经验模态分解方法（Empirical Model Decomposition，EMD），将投资者情绪中的低频、中频和高频部分进行分解，从而在不同时间尺度下度量投资者情绪。

步骤 1：对原始投资者情绪加入白噪声，生成包含噪声的投资者情绪 $SEN(t)$；

步骤 2：确定 $SEN(t)$ 的局部极大值（a）和局部极小值点（b），利用样条函数把 a 和 b 链接起来，构成上下包络线（u_1 和 l_1）；

步骤 3：计算包络线的平均值 m，并将原始投资者情绪减去 m，得到新的序列 $Y_1(t)$

$$Y_1(t) = SEN(t) - m \qquad (5.2)$$

步骤 4：判断 $Y_1(t)$ 是否是 IMF，如果 $Y_1(t)$ 满足 IMF 的条件，则另 $Y_1(t) = g_1(t)$，$g_1(t)$ 为原始投资者情绪的第一个 IMF，衡量了投

资者情绪的高频率分量，若 Y_1 (t) 不符合 IMF 的条件，则 Y_1 (t) 视作新的 SEN (t)，重复操作 $g_{1,i}$ (t) $= g_{1,i-1}$ (t) $- m_{1,i}$，直至最终的结果符合 IMF 分量的条件；

步骤 5：对剔除第一个 IMF 分量后的投资者情绪进行再次分解，重复分解步骤，即可依次得到高频至低频的投资者情绪分量 $IMF_1 \sim IMF_n$。

按照以上步骤，可以得到投资者情绪的最终分解结果如图 5 – 2 所示。

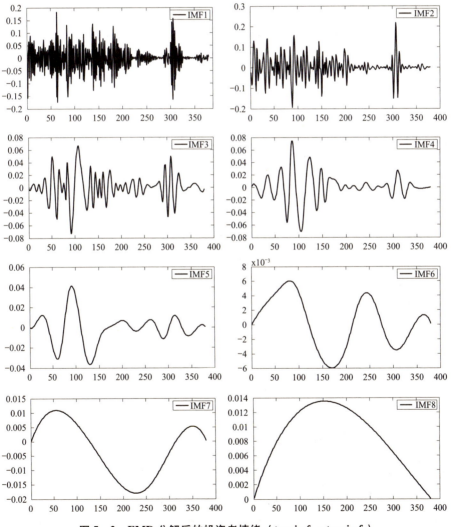

图 5 – 2　EMD 分解后的投资者情绪（*turnimf₁ ~ turnimf₈*）

如图 5 - 2 所示，原始的投资者情绪序列可以分解为 8 个分量，按频率高低分别为 $turnimf_1 \sim turnimf_8$，频率越高，周期越短，投资者情绪对信息和市场的变化也越敏感，反映了投资者情绪的短期变化。随着周期延长，投资者情绪的变化曲线，如 $turnimf_5 \sim turnimf_8$ 越来越平滑，代表了投资者情绪的周期性和长期变化。

5.2.3　商业银行风险承担的度量方法设计

参考郭丽丽和李勇（2014）等相关研究，本节采用 Z 值指数度量商业银行风险承担

$$Z_{it} = \frac{\sigma_i (ROA)_{it}}{ROA_{it} + CAR_{it}} \qquad (5.3)$$

其中，ROA 为银行的净资产回报率，CAR 为银行的资本充足率，$\sigma_i (ROA)_{it}$ 为银行净资产回报率的标准差。

5.2.4　面板数据模型的构建

面板数据模型可以有效地解决遗漏变量的问题，并且由于面板数据同时具有横截面和时间两个维度，可以提供更多个体动态行为的信息。同时，面板数据模型可以扩大样本容量，提高估计的精确度。基于以上考虑，本节设计了面板数据模型来分析投资者情绪对商业银行风险承担的影响，模型的基本设定如下

$$y_{i,t} = \alpha_{i,t} + \beta_{it} Sent_{i,t} + \gamma_{i,t} x_{i,t} + \mu_{i,t}, \ i = 1, 2, \cdots, k, \ t = 1, 2, \cdots, t$$

$$(5.4)$$

其中，$y_{i,t}$ 为商业银行的风险承担，$Sent_{i,t}$ 为投资者情绪变量，分别为投资者情绪的原始变量和图 5 - 2 所描述的 8 个分量（$turnimf_1 \sim turnimf_8$）。$x_{i,t} = (x_{i,t}, \cdots, x_{ki,t})$ 代表控制变量，分别代表股票收益率（$return$）、波动率（vol）、银行规模（$scale$）、每股盈利（eps）、盈利能力（roe 和 roa）、收入增长率（$incomegrow$）、GDP 增长率（$gdpgrow$）、房地产指数（$resindex$）

和物价指数（cpi）等控制变量。$\mu_{i,t}$ 是面板数据模型的残差序列，包含了不可观测的商业银行个体特殊效应及随机扰动。

5.2.5　面板数据模型的参数估计及结果分析

首先对面板数据模型的自变量进行筛选，筛选的方法是计算自变量和商业银行风险承担（zindex）之间的相关系数，剔除相关系数不显著的自变量或控制变量。相关系数的检验结果如表 5 - 1 所示。

表 5 - 1　相关性检验结果

变量	相关系数（t 值）	变量	相关系数（t 值）	变量	相关系数（t 值）
SEN_d	- 0.1744 * （0.0006）	$incomegrow$	0.0043（0.9354）	$turndiimf_4$	- 0.1756 * （0.0006）
$return$	- 0.1052 * （0.0404）	$gdpgrow$	- 0.0574（0.2649）	$turndiimf_5$	- 0.1936 * （0.0001）
vol	- 0.2791 * （0.0000）	$resindex$	- 0.0473（0.3584）	$turndiimf_6$	- 0.1119 * （0.0291）
$scale$	0.0954（0.0654）	cpi	0.0970（0.0593）	$turndiimf_7$	- 0.4477 * （0.0000）
eps	0.1766 * （0.0006）	$turndiimf_1$	- 0.0045（0.9309）	$turndiimf_8$	0.1145 * （0.0256）
roe	0.1627 * （0.0017）	$turndiimf_2$	- 0.0458（0.3729）		
roa	0.1396 * （0.0071）	$turndiimf_3$	- 0.0114（0.8247）		

对于 Z 值指数，与其呈负相关关系的变量分别有投资者情绪（SEN_d，$turndiimf_4$，$turndiimf_5$，$turndiimf_6$，$turndiimf_7$ 和 $turndiimf_8$）、股票收益率（$return$）、波动率（vol）、每股盈利（eps）、盈利能力（roe 和 roa），与其呈正相关关系的变量分别有银行规模（$scale$）和物价指数（cpi）。相关系数的计算结果初步验证了商业银行风险承担的影响因素，也在一定程度上证明了投资者情绪与商业银行风险承担呈正相关关系，即投资者情绪的提高会增加商业银行风险承担的程度。

在处理面板数据时，究竟应该使用固定效应模型还是随机效应模型是一个重要问题，本节根据陈强（2014）的 FE 与 RE 估计量进行检验，发现投资者情绪与商业银行风险承担的面板数据模型应使用随机效应模型进行参数估计，以 Z 值指数作为商业银行风险承担的因变量，模型参数估计结果如表 5 - 2 所示。

表 5 - 2 面板数据模型估计结果（基于 **zindex** 的商业银行风险承担影响因素模型）

变量	Coef.	Std. Err.	z	$p > \mid z \mid$
$zindex\ (-1)$	0.5662	0.0462	12.25	0.000
SEN_d	0.5858	0.6450	0.91	0.364
$turndi\ (-1)$	-0.3351	0.5102	-0.66	0.511
$return$	-2.2063	0.8466	-2.61	0.009
vol	-2.1629	0.8491	-2.55	0.011
eps	0.4301	0.6359	0.68	0.499
roe	0.3936	0.0834	4.72	0.000
roa	6.7472	1.4398	4.69	0.000
$scale$	-0.0009	0.0121	-0.08	0.939
cpi	0.0260	0.0187	1.39	0.165
$turndiimf_4$	-6.1244	2.7360	-2.24	0.025
$turndiimf_5$	-1.8505	5.3324	-0.35	0.729
$turndiimf_6$	-9.3334	51.2278	-0.18	0.855
$turndiimf_7$	-89.7575	32.9228	-2.73	0.006
$turndiimf_8$	-38.7610	74.2306	-0.52	0.602

Wald χ^2 统计量为 800.15，显著性概率为 0.000，证明所构建的模型整体拟合优度较好，但该模型有部分系数不显著，为了进一步优化模型，对面板数据模型进行逐步回归，得到最终的模型参数估计结果如表 5 - 3 所示。

表 5 - 3 面板数据模型的逐步回归估计结果

（基于 **zindex** 的商业银行风险承担影响因素模型）

$zindex$	Coef.	Std. Err.	z	$p > \mid z \mid$
$zindex\ (-1)$	0.5312	0.0473	11.23	0.000
$return$	-1.8178	0.6124	-2.97	0.003
roe	0.4533	0.0787	5.76	0.000
roa	8.0736	1.4483	5.57	0.000
$turniimf_4$	-6.5476	2.3140	-2.83	0.005

从以上实证结果可知，针对基于 Z 值指数的商业银行风险承担，投资

者情绪对其有显著的影响作用，并且，投资者情绪与商业银行风险承担呈正相关关系，即随着投资者情绪的提高，商业银行风险承担程度也会增加，这一实证结果验证了本书所提出的研究假设。当前股票市场迎来了新一轮的发展，2015 年 4 月 1 日，沪深证券市场成交额达到了 11131.41 亿元，股票市场在经济体系中的地位与作用与日增强，即使是传统上与证券市场联系不甚紧密的银行金融机构，其经营与风险承担状况也逐渐受到了股票市场的影响。当前，股票市场投资者情绪高涨，上证指数从 2014 年 6 月 30 日的 2048.33 点上涨到 2015 年 4 月 3 日的 3863.93 点，投资者参与市场交易热情急剧上升，融资余额明显放大，在此背景下，商业银行应加强《中华人民共和国银行业监督管理法》第二十八条和第二十九条（参见附录 B）的落实，即应"建立银行业突发事件的发现、报告岗位责任制度"，并"制定银行业突发事件处置预案"，警惕其风险承担的增大，尽量做到未雨绸缪，防范风险于未然。

投资者情绪的不同成分对商业银行风险承担的影响也有较大的差异，结合相关系数分析的结果可以发现，中期和长期的投资者情绪（$turndiimf_4$，$turndiimf_5$，$turndiimf_6$，$turndiimf_7$）对商业银行风险承担的影响更为明显，而中期（$turndiimf_4$）的影响尤为显著，这与本书采用季度数据度量商业银行风险承担有一定的关系，也反映了商业银行风险承担是一种中长期经营行为，其风险资产的配置周期相对较长，因而对短期或高频投资者情绪变化并不敏感。同时，就逐步估计的实证结果来看，投资者情绪的长期成分对商业银行风险承担的影响并不十分明显。从长期来看，商业银行的风险资产经营大多有其自身的战略规划，而投资者情绪难以对其长远发展规划产生实质性影响。

从模型的参数估计结果还可以发现，商业银行风险承担具有较强的持续性，当期的风险承担与自身滞后一期有较强的关联性，滞后一期对当期风险承担的影响均超过了 0.5。商业银行盈利能力与风险承担呈现出负相关关系，商业银行较强的利润创造能力往往是其综合竞争力的体现，受风险控制、经营管理等多方面因素的影响。同时，盈利能力强的商业银行意味其风险应对能力也更强，其风险拨备也更充分，即使发生风险事件，也能做到"手中有粮，心中不慌"。

5.3 基于资产价格的商业银行经营风险度量及分析

5.3.1 基于 GARCH – VaR 的资本市场风险度量模型的参数估计

本节运用 GARCH 模型对上市商业银行资产价格的波动进行描述，并在此基础上运用 GARCH – VaR 模型构建基于资产价格的商业银行经营风险度量模型，衡量资本市场视角下的商业银行价值变化幅度。

（1）样本选择及数据来源。本节选取中国建设银行作为研究样本，中国建设银行是一家在中国市场处于领先地位的股份制商业银行，为客户提供全面的商业银行产品与服务。主要经营领域包括公司银行业务、个人银行业务和资金业务，多种产品和服务（如基本建设贷款、住房按揭贷款和银行卡业务等）。拥有广泛的客户基础，与多个大型企业集团及中国经济战略性行业的主导企业保持银行业务联系，营销网络覆盖全国的主要地区，2010 年年末，该行在中国内地设有分支机构 13415 家，在中国香港、新加坡、法兰克福、约翰内斯堡、东京、首尔、纽约、胡志明市及悉尼设有分行，在莫斯科设有代表处。公司股票价格自 2007 年 9 月 25 日至今的价格如图 5 – 3 所示。

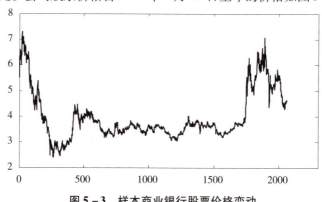

图 5 – 3 样本商业银行股票价格变动

（2）基本统计特征分析。分别定义股票价格日收益率 R_{it}

$$R_t = \ln\ (P_t)\ /\ln\ (P_{t-1}) \tag{5.5}$$

其中 P_t，P_{t-1} 为 t 和 $t-1$ 时刻的股票价格，对股票价格收益率进行一般描述性统计分析。分析结果显示见表 5-4，日收益率序列在 1% 的显著性水平下显著不服从正态分布。

表 5-4　描述性统计

平均值	最大值	最小值	标准差	偏度	峰度	J-B 值	P-value	观测值
0.00	0.095	-0.10	0.019	0.016	8.675	2696	0.00	2009

（3）平稳性及异方差检验。对日收益率序列进行平稳性检验，其结果表明 ADF 统计量在 1% 的显著性水平下，R_t 序列都拒绝随机游走的假设，也就是说这些收益率序列都为平稳的时间序列。为了分析两序列是否具有显著的异方差特性，采用 ARCH-LM 检验来进行测试。检验结果表明，拉格朗日乘数的 P 值均小于临界值 1%。由此可以得出，可在 1% 的显著性水平下拒绝了原假设，收益率序列存在着很显著的 ARCH 效应。

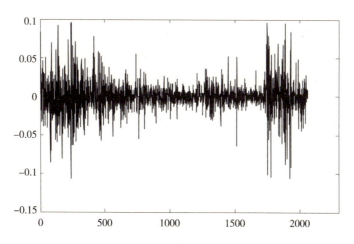

图 5-4　股票收益率变动曲线

从图 5-4 可以发现，股票收益率变化曲线呈现出波动集聚的特征，在一段时间内波动较小，而在另一端时间内波动较大，具有较为典型的异方差特征，因此本节继续运用 GARCH 模型对其条件波动率进行建模。

（4）基于利率风险的 GARCH - VaR 模型的参数估计。设定 GARCH 模型为 GARCH（1，1）模型，模型的参数估计结果如表5-5所示。

表5-5 GARCH - VaR 模型族参数估计

变量	系数	标准差	z - 统计量	Prob.
C	9.67E - 05	0.000289	0.334150	0.7383
方差方程				
C	3.70E - 06	4.40E - 07	8.416581	0.0000
RESID（-1）∧2	0.105170	0.007915	13.28684	0.0000
GARCH（-1）	0.888228	0.006615	134.2776	0.0000
R - squared	- 0.000026	Mean dependent var		- 2.98E - 06
Adjusted R - squared	- 0.000026	S. D. dependent var		0.019527
S. E. of regression	0.019527	Akaike info criterion		- 5.487549
Sum squared resid	0.765692	Schwarz criterion		- 5.476388
Log likelihood	5516.243	Hannan - Quinn criter.		- 5.483452
Durbin - Watson stat	1.996772			

从方差方程的估计参数看，模型的参数在 5% 的置信水平下均显著，对方程的残差进行 ARCH 效应检验，发现残差不再存在异方差现象，以上方程能较好地描述股票收益率序列的波动。

5.3.2 基于 GARCH - VaR 的资本市场风险度量

对商业银行单位资产的股票市场风险 VaR 值进行计算，结果如图5-5所示。

从图5-5可以发现，商业银行单位资产的股票市场风险波动较大，在资产持有期内，一单位资产的最高损失超过了 0.3%，商业银行可根据计算出的 VaR 值提前采取股票市场风险管理措施，以降低其潜在损失。相比利率风险和汇率风险，商业银行的股票市场风险较大，这反映了商业银行应更加关注股票市场的变化情况。

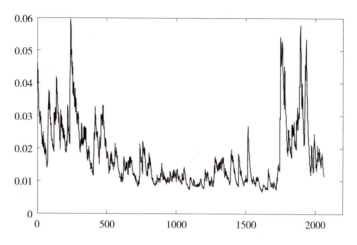

图 5 – 5　单位资产利率风险的 VaR 值

5.4　资本市场视角下商业银行经营风险管理对策分析

商业银行风险承担是其业务经营和扩张的结果，也是信用风险、市场风险和操作风险等各类风险的综合体现。本书运用 2007—2013 年上市商业银行的数据，通过构建面板数据模型，实证检验了投资者情绪对商业银行风险承担的影响，并运用 GARCH – VaR 模型度量了商业银行的股票市场风险。研究结果表明：

（1）投资者情绪与商业银行风险承担呈正相关关系，即股票市场投资者情绪高涨会促使商业银行风险承担水平提高，这一结论与本书的理论假设 H_1 一致。

（2）不同时间尺度下的投资者情绪对商业银行风险承担的影响也会有所差异。其中，中期投资者情绪对商业银行风险承担的影响最为显著，而短期或长期的影响则不甚明显，投资者情绪对商业银行风险承担的影响关系主要由投资者情绪的中期成分所引致。这一方面反映出商业银行风险承担的调整需要一定的时间，另一方面也表明商业银行有其自身的发展战略，其风险承担水平并不与投资者情绪的长期变化一致。

（3）商业银行盈利能力的提高能降低其风险承担水平，利润创造能力是风险经营实力的体现，只有实现更多的收益，才能使商业银行获得更高的安全边际。

（4）商业银行单位资产的股票市场风险较大，单位资产在持有期内的损失超过了0.3%。基于以上研究结论，商业银行在风险管理过程中应加强对投资者情绪的关注，尤其是投资者情绪的中期变化情况，如投资者情绪突然提高，商业银行需要坚持自身制定的经营计划，避免出现过度乐观或迎合行为，从而使商业银行风险承担控制在合理水平。同时，商业银行也应积极关注资本市场价格变化，使其股票价格的波动被控制在合理范围内。

第6章 信贷市场视角下商业银行社会责任风险度量及管理对策分析

商业银行在追逐利润的同时，还应履行一定的社会责任。本章对商业银行的社会责任风险进行了界定，重点关注其环境保护等方面的社会责任，在信贷市场视角下，以其信贷投放是否促进社会低碳经济的发展为衡量标准，实证研究了商业银行的社会责任风险，并提出了增强社会责任履职能力的对策建议。

6.1 商业银行社会责任风险概述

企业的经营行为可能会给社会带来正面或负面的影响，因此企业在经营过程中需要考虑各个利益相关者，防范企业经营行为对利益相关者产生的负面影响。公司社会责任风险可以诠释为公司运营行为给社会效益带来的不确定性。世界银行将企业社会责任定义为企业与关键利益相关者的关系，以及尊重人、社区和环境等有关政策和实践的集合。依据《中国商业银行企业社会责任指引》，商业银行社会责任是商业银行对其股东、员工、储户、借款人、商业伙伴、政府和社区等利益相关者及社会与环境的可持续发展所应承担的经济责任、法律责任、道德责任及慈善责任等（王清刚，沈继峰和张杰芳，2015）。

在利益相关者理论的视角下，商业银行的社会责任应包含以下几方面的内容：一是为股东服务，商业银行应实现股东价值，平等对待所有股东，维护股东的合法权益，为股东提供回报；二是维护内部员工的合法权益，促进员工的成长；三是合法经营，为顾客或客户提供良好的金融服务，满足客户的金融需求；四是通过其经营行为促进"两型社会"的发展，促进环境保护和资源节约，实现绿色发展；五是支持社会公益事业的发展。如果商业银行在履行社会责任方面出现纰漏，或出现负面事故，商业银行则会出现社会责任风险。

已有研究对商业银行创造经济价值或为客户提供优质服务等方面展开了较多的讨论，但对环境保护等方面的研究还比较少。目前，环境污染问题已成为社会舆论和人们共同关心的问题，本章着重从环境保护角度来定义商业银行的社会责任风险。商业银行环境保护的社会责任体现在保护自然环境、促进绿色发展等方面。商业银行应落实国家环保政策，坚决抑制高污染、高能耗的信贷投放，通过其信贷投向引导和支持社会环境保护和经济可持续发展，实现低碳经济的发展。

基于以上考虑，本章在信贷市场视角下度量商业银行的社会责任风险，以商业银行的信贷投放是否促进了低碳经济发展来度量其社会责任风险，并以湖南省等省份的数据进行实证研究。

6.2　湖南省低碳经济发展现状

低碳经济（Low－Carbon Economy，LCE）是指在如今存在的经济系统中，基本上没有二氧化碳等引起全球变暖的气体排放，或者说这个系统内几乎不接触有关碳能源的东西。低碳经济，顾名思义就是尽可能地减少温室气体，形成"三低"（低能耗、低污染和低排放）和"三高"（高效能、高效率、高效益）的经济体系，以这样一种态度去对待经济中不可避免的能源的消耗，转为低碳模式，实现我们所追求的低碳生活和可持续发展的状态。

从全国水平来看，湖南省的人均碳排放量还是算比较低水平的，原因就是湖南省是一个农业大省，而不是工业大省，能源消耗比其他省份要少，此外人口也是主要原因，庞大的人口量就把人均量拉下去了。但是从湖南省最近的碳排放趋势来看，有逐年增加的现状，人均量也呈现上升的趋势，而且也有可能会继续增加。根据数据显示，2000 年人均化石燃料燃烧碳排放约 0.39 吨，而 2010 年人均碳排放量接近 1.13 吨，人均二氧化碳排放量则由 2000 年的 1.42 吨左右上升到 2010 年的 3.92 吨。人均能源消费量呈现上升的趋势，具体如图 6-1 所示。

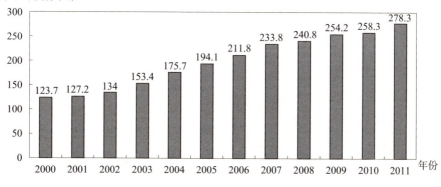

图 6-1　2000—2011 年人均能源消费量

资料来源：《中国统计年鉴（2012）》。

刘晓等预测，在当前技术进步速率下，湖南省在 2035 年将达到能源消费高峰，2036 年达到碳排放高峰，人均碳排放量峰值将在 2034 年达到。其实在湖南省的发展过程中，低碳经济之所以任重道远，是因为其存在的问题有许多。一是目前所习惯的能源消耗模式很难在短时间内改变，主要以碳能为主的经济发展模式是比较难以从工业发展中铲除的。湖南省目前正处于工业化中期阶段，受到当前经济条件和技术的制约，其主要的能源还是化石能源（煤和石油的消耗占比更大），这是低碳经济发展过程中面临的主要问题。二是没有足够多的创意来促进低碳的发展，当今社会上主要是依靠以前固有的模式和制度，没有人能够有效地从现在的发展状况出发设计出既促进低碳发展，又能够不阻碍现有工业进步的技术。对于传统技术的依赖，能源消费受到经济条件和生活习惯的影响，高碳投资仍然占据主要优势等方面都使得高碳发展模式仍然锁定在既有的路径，很难有所突破。三是人们习惯的以碳为源的观念和思想不能够轻易地改变，现在生活所处的这样一种高能耗的模式难以从生活中排除。人们长期形成的消费观念，如"面子消费""奢侈消费"等还普遍存在，对刚刚起步的绿色消费构成威胁。据调查显示，目前湖南省真正具有低碳生活意识的人只有四分之一，其余完全没有低碳生活意识。

近年来，湖南省把大量的人力、物力和财力用在发展低碳经济和循环经济上，给人民带来的惊喜和意外也是连连不断。在再制造产业上，交通设备均经过大量的改良，以前主要是以汽车、轨道等交通设备为主，而在如今低碳经济的时代，大部分改为用农作物秸秆，林业中的"三剩物"（采伐剩余物、造材剩余物、加工剩余物）和禽畜类粪便为主来配合使用，这样的改变能够促进低碳经济的快速发展。把"低碳"融入我们的生活中，能够使得"低碳"迅速捕获人民的心理，使人们能够更加接受低碳在日常生活中的涉足。另外，工业园的出现也能够显示低碳经济发展中取得的成果。涌现的一系列工业园，如汨罗工业园、永兴循环经济工业园、长沙（浏阳、宁乡）再制造示范基地、衡阳松木经济开发区、岳阳绿色化工业园等都展现出了低碳发展的无限魅力。循环经济在我们生活中展现出了种种优势，它的发展已经逐渐显露战功，这对于低碳经济的进一步发展将会起到非常大的促进作用。

2013 年 2 月，省发改委对于《发展战略及行动计划》进行了解读，提出了四大任务，分别是构建循环工业体系、循环农业体系、循环服务业体系和推进社会层面循环经济发展。计划由省发改委同有关部门经过调研编制而成，既切合湖南实际、突出重点发展，又具有可操作性。这可充分展示湖南省对于发展低碳经济、创建"两型社会"的决心和努力。自从"两型社会"建设提上议程，湖南省的绿色发展水平总指数相对于其他省份来说，还是较高的。就绿色发展水平这方面而言，在湖南省内的各个城市里面，长沙市的绿色发展水平是最高的，位列第一，株洲和湘潭的绿色水平较其他城市也比较高，都处于中上等水平。无论从横向来看，还是从纵向来看，湖南省的绿色发展水平还是比较乐观的，这说明了湖南省"两型"开展的胜利成果，"绿色"开始在湖南省蔓延。图 6 - 2 和图 6 - 3 展示了湖南省纵向和横向的绿色发展水平。

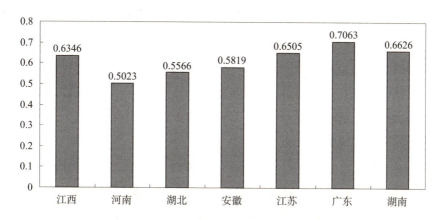

图 6 - 2　2013 年部分省份绿色发展水平指数

资料来源：湖南省两型社会建设网。

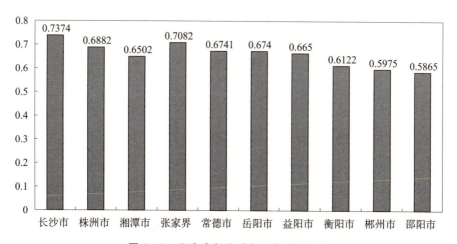

图 6 - 3　湖南省部分城市绿色发展指数

资料来源：湖南省社科院区域所《湖南绿色发展报告（2013）》。

在 2013 年湖南省"两型社会"环境保护工作报告中，各项指标均表现出"两型社会"、低碳经济的魅力。低碳节能成效突出，2009 年全省万元 GDP 能耗指标完成目标任务的 89.91%；低碳减排进展明显，2009 年二氧化硫排放量较 2005 年下降 11.73%，完成目标任务的 130%。提前一年完成了"十一五"减排任务；综合循环利用水平不断提升，各类企业发展循环经济、利用废弃资源降低生产成本的意识不断增强，规模工业回收利用各类能源占全部规模工业综合能源消费量的比重逐年上升，2008 年达5.1%；生活用能结构明显优化，天然气、液化天然气、城市太阳能、农村沼气等新兴清洁能源增长较快，原煤等高污染、高排放的化石能源消费增幅已逐年下降；碳汇林业也往低碳的路程迈进了一大步，活立木蓄积量的增长速度是 1000 万立方米/年，目前来看，湖南省 56% 左右的地区都覆盖绿色植物，长株潭地区也已经设立了专门的法律法规来保护森林植被，湘江两岸大约 120 公里的绿色带也在紧张地张罗着。从水环境来看，全省的水环境质量总体较上年略有改善，各类的百分比均较理想，具体监测面如图 6-4 所示。省控以上断面水质达标率比上年提高 3.0 个百分点，水环境的改善对于环绕湘江的湖南省来说是一件非常有意义的事情。

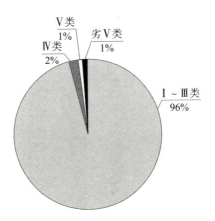

图 6-4　2013 年湖南省江河监测断面结果

资料来源：湖南省两型社会建设网《湖南省 2013 年环境保护工作年度报告 3-1》。

大气环境也有了较大的改善。长株潭地区从 2013 年按《环境空气质量标准》（GB 3095—2012）中可吸入颗粒物（PM10）、二氧化硫（SO_2）、细颗粒物（PM2.5）、臭氧（O_3）和一氧化碳（CO）六项指标进行评价，三市 2013 年达标天数比例分别为 54.0%、59.0%、53.4%，长沙市在全国 74 个重点监控城市中环境空气质量排名第 53 位。除了上述提到的大气环境中的排放物改善之外，污染排放情况也改善了许多，主要污染物排放情况如表 6 - 1 所示。

表 6 - 1　2013 年湖南省主要污染物排放情况

指标	化学需氧量	氨氮	SO_2	氮氧化物
2013 年（万吨）	124.9	15.77	64.13	58.81
与 2012 年相比	↓1.13%	↓2.25%	↓0.57%	↓3.14%

资料来源：湖南省两型社会建设网《湖南省 2013 年环境保护工作年度报告 3 - 2》。

自然生态环境也大大改善，截至 2013 年年底，全省国家级自然保护区 23 个，省际自然保护区 28 个，全省森林覆盖率达 57%，湿地面积约 102 万公顷。目前湖南省的低碳经济已经如火如荼地进行着，取得的成就也是人们有目共睹的，低碳经济的发展仍然在继续，环境的改善也会不断进行，人民的生活会不断改善，真正的低碳生活会逐渐实现。

6.3　商业银行社会责任风险的实证研究

6.3.1　数据和样本的选取

本实证研究选取的数据来源于 1997—2013 年（说明：由于受到客观原因的制约，数据只能从 1997 年开始）湖南省统计信息网、湖南省统计年鉴和国家统计局统计的湖南省单位地区总值能耗（等价值）、金融机构人民币贷款余额，选择 Granger 因果关系检验模型来分析金融支持与低碳经济之间是否具有相关性，从而得出结论。其中，单位地区总值能耗是根据公式计算而得，具体计算公式如下所示：

$$\text{单位地区总值能耗（等价值）（吨标准煤/万元）} = \frac{\text{能源消耗总量}}{\text{地区生产总值}} \quad (6.1)$$

为了使湖南省可以与其他省进行横向对比，本实证研究还对湖南省两个相邻省份湖北省和江西省进行了协整检验和 Granger 因果关系检验。其中，两省所得到的数据分别来自两省的统计局网站、统计年鉴和国家统计局网站。

6.3.2 研究变量的趋势分析

先选取 1997—2013 年湖南省、湖北省和江西省金融机构人民币贷款余额（LN）、单位地区总值能耗（等价值）（EN）和 GDP 数据，用 Eviews 6.0 软件对其做趋势图，发现湖南省金融机构人民币贷款余额增长具有线性趋势，单位地区总值能耗呈下降趋势，GDP 呈上升趋势（见图 6 – 5 ~ 图 6 – 13）。

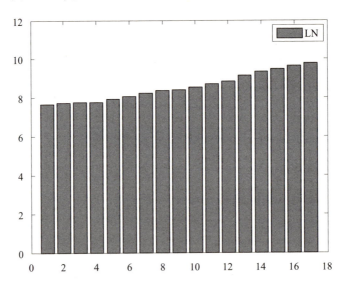

图 6 – 5　湖南省研究变量（LN）的趋势图（1997—2013）

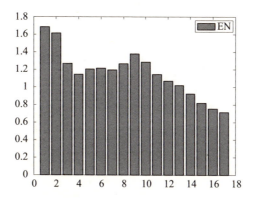

图6-6　湖南省研究变量（EN）的趋势图（1997—2013）

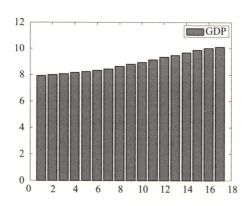

图6-7　湖南省研究变量（GDP）的趋势图（1997—2013）

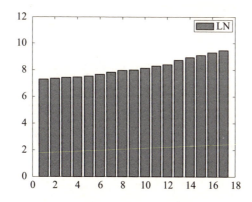

图6-8　江西省研究变量（LN）的趋势图（1997—2013）

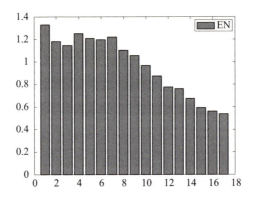

图 6 - 9　江西省研究变量（EN）的趋势图（1997—2013）

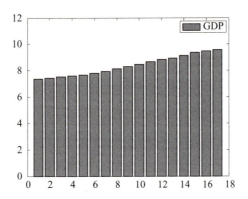

图 6 - 10　江西省研究变量（GDP）的趋势图（1997—2013）

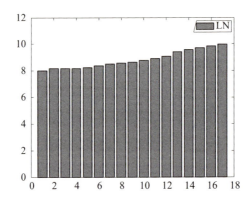

图 6 - 11　湖北省研究变量（LN）趋势图（1997—2013）

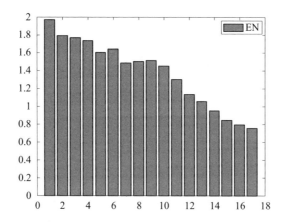

图 6 – 12　湖北省研究变量（EN）趋势图（1997—2013）

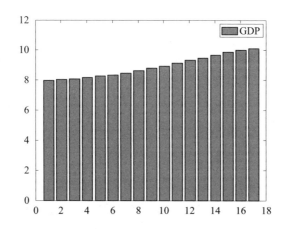

图 6 – 13　湖北省研究变量（GDP）趋势图（1997—2013）

　　从图 6 – 5 ~ 图 6 – 13 可以发现，中南三省经济发展的单位能耗均有一定程度的降低，这也反映了近年来低碳经济得到了较大的发展。

6.3.3　单位根检验

　　对原数据做 ADF 平稳性检验，以检验这三个数列是否平稳。分别对中南三省的相关变量进行 ADF 检验，结果如表 6 – 2 ~ 表 6 – 4 所示。

表 6 - 2　单位根检验结果（湖南省）

变量	ADF 检验量	1%临界值	5%临界值	10%临界值	结论
EN	- 3. 889349	- 2. 754993	- 1. 970978	- 1. 603693	1% 水平上平稳
LN	- 5. 061031	- 2. 740613	- 1. 968430	- 1. 604392	1% 水平上平稳
GDP	- 4. 279540	- 2. 740613	- 1. 968430	- 1. 604392	1% 水平上平稳

表 6 - 3　单位根检验结果（江西省）

变量	ADF 检验量	1%临界值	5%临界值	10%临界值	结论
EN	- 4. 756557	- 4. 057910	- 3. 119910	- 2. 701103	1% 水平平稳
LN	- 5. 051609	- 4. 004425	- 3. 098896	- 2. 690439	1% 水平平稳
GDP	- 5. 975034	- 4. 992279	- 3. 875302	- 3. 388330	1% 水平平稳

表 6 - 4　单位根检验结果（湖北省）

变量	ADF 检验量	1%临界值	5%临界值	10%临界值	结论
EN	- 6. 954420	- 4. 004425	- 3. 098896	- 2. 690439	1% 水平平稳
LN	- 4. 266800	- 4. 057910	- 3. 119910	- 2. 701103	1% 水平平稳
GDP	- 4. 557599	- 4. 992279	- 3. 875302	- 3. 388330	5% 水平平稳

表 6 - 2 ~ 表 6 - 4 中，变量均为原始变量的二阶差分序列，可以发现变量在 5% 水平下均平稳，因此，可以运用信贷支持、GDP 以及地区总值能耗等数据进行协整检验和 Granger 因果关系检验。

6.3.4　协整检验

进行 ADF 检验之后得到三个平稳数列，然后采用 Engle - Granger（EG）两部法进行协整检验。首先运用 Eviews 得到残差项时间序列，然后对残差项时间数列进行 ADF 检验，检验结果如表 6 - 5 ~ 表 6 - 7 所示。

协整检验的结果表明，信贷支持、GDP 以及单位地区能耗之间存在协整关系，即经济变量之间存在长期的均衡关系。

表 6 – 5　协整检验结果（湖南省）

		t 统计量	P 值
		– 3.463916	0.0020
临界值	1% 显著水平	– 2.728252	
	5% 显著水平	– 1.966270	
	10% 显著水平	– 1.605026	

表 6 – 6　协整检验结果（江西省）

		t 统计量	P 值
		– 4.675342	0.0035
临界值	1% 显著水平	– 4.057910	
	5% 显著水平	– 3.119910	
	10% 显著水平	– 2.701103	

表 6 – 7　协整检验结果（湖北省）

		t 统计量	P 值
		– 5.781286	0.0006
临界值	1% 显著水平	– 4.057910	
	5% 显著水平	– 3.119910	
	10% 显著水平	– 2.701103	

6.3.5　Granger 因果检验

经过协整检验之后，接着对金融机构人民币贷款余额（LN）、单位地区总值能耗（EN）和国民生产总值（GDP）做 Granger 因果检验，来检验这三个变量之间的因果关系。

由表 6 – 8 ～ 表 6 – 10 的检验结果可以看出，对于实证研究的三个样本省份，信贷支持均是 GDP 的格兰杰原因，也就是说信贷规模的增加能够促进经济增长，同时经济增长也能够增加信贷供给量，二者互为因果关系。而信贷支持与能耗之间的关系，各省存在一定的差异，对于湖北省和江西省，信贷支持并不是能耗的格兰杰原因，而在湖南省，信贷支持是单位能耗的格兰杰原因。2007 年 12 月 14 日，经国务院同意，国家发改委行文批准长株潭城市群为"全国资源节约型和环境友好型社会建设综合配套改革试验区"。在这以后，湖南省致力于发展"环境友好型"和"资源节约型"社会，其绿色发展水平指数相对于其他相邻省份具有一定的优势（如图 6 - 14 所示）。

表 6 - 8　Granger 因果检验结果（湖南省）

零假设	滞后二阶	
	F 值	P 值
信贷支持不是能耗的格兰杰原因	5. 57460	0. 0236
能耗不是信贷支持的格兰杰原因	0. 65424	0. 5407
国民生产总值不是能耗的格兰杰原因	2. 80178	0. 1081
能耗不是国民生产总值的格兰杰原因	5. 53935	0. 0240
GDP 不是信贷支持的格兰杰原因	4. 56235	0. 0391
信贷支持不是 GDP 的格兰杰原因	3. 88521	0. 0564

表 6 - 9　Granger 因果检验结果（江西省）

零假设	滞后二阶	
	F 值	P 值
信贷支持不是能耗的格兰杰原因	2. 39339	0. 1415
能耗不是信贷支持的格兰杰原因	3. 22552	0. 0830
国民生产总值不是能耗的格兰杰原因	0. 68901	0. 5244
能耗不是国民生产总值的格兰杰原因	2. 94283	0. 0988
GDP 不是信贷支持的格兰杰原因	4. 94774	0. 0321
信贷支持不是 GDP 的格兰杰原因	6. 15816	0. 0181

表 6 - 10　Granger 因果检验结果（湖北省）

零假设	滞后二阶	
	F 值	P 值
信贷支持不是能耗的格兰杰原因	0. 48236	0. 6310
能耗不是信贷支持的格兰杰原因	3. 68904	0. 0631
国民生产总值不是能耗的格兰杰原因	0. 24682	0. 7859
能耗不是国民生产总值的格兰杰原因	2. 49292	0. 0038
GDP 不是信贷支持的格兰杰原因	13. 7306	0. 0014
信贷支持不是 GDP 的格兰杰原因	10. 2656	0. 0038

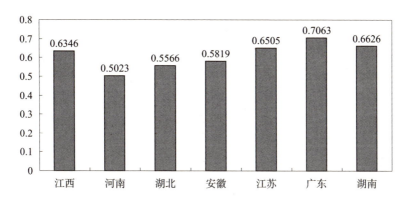

图6－14 2013年部分省份绿色发展水平指数

值得关注的是，能耗并不是信贷支持的格兰杰原因，即地区单位能耗总值并不影响信贷投放，这在一定程度上说明低碳经济发展还不具备内生的发展动力，低碳经济产业的发展更多地还是依靠国家财政资金的引导和支持，吸引商业信贷投入的能力还有所欠缺。

从以上实证研究可以发现，商业银行信贷支持对低碳经济的发展起到了一定的积极作用，商业银行较好地履行了社会责任，其社会责任风险相对较低，但是低碳经济发展的内生机制还未形成，这在一定程度上制约了商业银行进一步履行社会责任的能力和意愿。

6.4 信贷市场视角下商业银行社会责任风险管理建议

6.4.1 加大对低碳经济发展的信贷支持力度

金融机构对于低碳经济的发展具有重要意义，融资的力度和深度均决定了低碳经济发展的进程和速度，因此，继续保持金融机构对低碳发展的支持力度甚至加大其融资力度对于低碳的发展是起决定作用的。从上述的分析中可以看出，金融机构人民币贷款余额对于单位地区总值能耗的降低是有单向影响的，也就是说贷款的力度直接决定了能耗降低的深度。而纵观湖南省信贷支持量，对于低碳经济的贷款额度是远远不够的，相对于发达地区的信贷额度来说，湖南省的信贷支持还是处于较低的水平，如湖南省的信贷支持额度仅仅相当于珠三角地区 2005 年信贷支持总额的 80%。

金融机构的融资渠道多样，融资额度也是非常高的。总看湖南省当今的发展状况，金融机构的支持力度还是不够的，金融机构对低碳的支持仅仅局限在间接融资方面，许多融资渠道均没有开放，如债券融资和股权融资的比例是非常低的。在低碳经济的发展过程中，如果金融机构能够利用自己的这一大优势来为低碳的发展做出贡献，那么，低碳经济的发展将进一步加速。

6.4.2 支持低碳科研项目，为信贷支持提供依据

科研对于低碳的发展也是非常重要的，科研项目的成功能够为信贷支持低碳发展提供依据，这样一来，有了数据的支持，致力于低碳的企业就能够获得更多的信贷支持，金融机构也就能够大胆地放宽支持政策，为低碳的发展注入源源不断的资金来源。支持科研项目，不仅对于金融机构而言是有利的，对于低碳的发展更是促进的。一方面，科研项目能够评估这一方案是否值得投资，是否符合社会发展需要，是否符合大势所趋，为金融机构融资提供了数据支持；另一方面，科研项目能够促进低碳的发展，科研对于低碳的深入了解不仅是对低碳的监视和监管，而且也是促进低碳健康发展的手段。因此，应该不断加大对于科研项目的扶持，成立专家立项小组从而给低碳经济发展提供专家视角。

6.4.3 深化金融创新，改革金融机构原有的传统思维

金融机构在低碳经济的发展中是主导者和促进者，没有了金融机构的资金支持，低碳经济的不断发展也只能是纸上谈兵。而如今的金融世界没有大胆地创新，仅依靠原有的理论和思维来审视如今经济的发展状况，这样就陷入了传统视角，不符合现今的发展要求。金融机构的深化可以从以

下几个方面来入手：首先是金融产品的创新，不断开发出适应时代的金融产品将会促进资金的筹集；其次是金融制度的创新，资金筹集渠道不要仅仅局限于间接筹资，其他的筹资渠道也应该适当放松管制。因此，金融机构应该不断进行创新，开发出独特的金融产品，改革现有的金融制度，重新审视自己的立场，以客观者的身份来对低碳的发展做出正确的决定。

此外，为了使低碳经济取得长足的发展，政府作为主体参与者，在财政政策方面，要加大财政对低碳经济项目开发、低碳项目投资的投入力度。可以制定一些激励机制，如根据项目发展的重要程度，为一些符合中国经济发展总体布局的低排放、低污染、低能耗的企业提供绿色贷款贴息。鼓励金融机构积极开展碳金融业务，对于碳金融业务的开展，在目前的宏观金融政策领域，可以考虑不占用存贷款指标比例，提高金融机构开展低碳金融业务的积极性与主动性。政府和金融机构要多引导企业进行低碳产业自主创新，同时加强宣传力度，让广大民众也积极加入低碳经济的建设中来。

结　论

　　商业银行的经营环境日益复杂，利率市场、汇率市场、资本市场、互联网金融市场和信贷市场中的各种因素均可能会引发商业银行经营风险事件，在此背景下，本书在多市场视角下探讨了商业银行风险度量及管理等相关问题，得到了以下研究结论。

　　（1）基于缺口管理和 GARCH – VaR 模型的商业银行利率风险度量模型表明当前商业银行面临一定程度的利率风险，在市场利率波动较为频繁的情形下，商业银行不能较好地调整其利率敏感性资产和负债的结构。为有效应对利率风险，商业银行应提高利率风险意识、大力发展中间业务、完善资产负债管理、实施多元化经营、完善国内金融市场建设。

　　（2）在外汇市场视角下，商业银行面临较大的外汇市场风险。运用 Copula 函数的实证研究结果表明，样本银行汇率风险比较显著，该银行针对人民币兑美元汇率的下尾相关系数一直在 0.83 左右波动，说明在外汇市场波动较大时，商业银行业面临较大的风险。此外，该样本银行针对人民币兑美元汇率的上尾相关系数却比较小，反映出该样本银行对人民币兑美元汇率波动较小时的联动效应不强。而基于 GARCH – VaR 模型的计算结果表明，商业银行单位资产的汇率风险波动较大，在资产持有期内，一单位资产的最高损失超过了 0.05%，商业银行可根据计算出的 VaR 值提前采取汇率风险管理措施，以降低其潜在损失。

（3）在互联网金融市场视角下，本书从理论和实证等角度分析了互联网金融对商业银行经营风险的影响，发现互联网金融对商业银行信用卡业务有较强的溢出效应，而替代效应却不显著，即当前互联网金融市场并没有显著增加商业银行的经营风险，这可能是因为商业银行在互联网金融的影响下，积极开展了互联网金融业务，对冲了新兴互联网机构抢占金融市场所带来的负面效应。

（4）在资本市场视角下，资本市场中的投资者情绪与商业银行风险承担呈正相关关系，即股票市场投资者情绪高涨会提升商业银行风险承担水平，不同时间尺度下的投资者情绪对商业银行风险承担的影响也会有所差异。其中，中期投资者情绪对商业银行风险承担的影响最为显著，而短期或长期的影响则不甚明显。此外，基于 GARCH - VaR 模型的风险度量结果表明，商业银行资产价格波动也会产生较大的风险，在资产持有期内，一单位资产的最高损失超过了 0.3%，相比利率风险和汇率风险，商业银行的股票市场风险较大，这反映了商业银行应关注股票市场的变化情况。

（5）商业银行在追逐利润的同时，还应向社会履行一定的社会责任。本书对商业银行社会责任风险进行了界定，重点关注其环境保护等方面的社会责任。在信贷市场视角下，以其信贷投放是否促进社会低碳经济的发展为衡量标准，实证研究了商业银行社会责任风险，结果表明，商业银行信贷支持对低碳经济的发展起到了一定的积极作用，商业银行较好地履行了社会责任，其社会责任风险相对较低，但是低碳经济发展的内生机制还未形成，这在一定程度上制约了商业银行进一步履行社会责任的能力和意愿。

本书在多市场视角下对商业银行风险进行了度量，并提出了相关管理对策，得到了一些有价值的结论，但还存在一些局限。其一，按照全面风险管理的理念，应对多市场风险进行统一度量，本书虽然在多市场视角下对各个市场的风险进行了度量，但没有形成一个统一的风险度量指标；其二，在实证研究过程中，样本选取的规模有待扩大，样本时间也应延长，这样才能得到更全面、可靠的实证研究结论；其三，在商业银行风险管理对策方面，对策的针对性和应用性也有待加强。囿于时间关系和学识水平，本书存在的不足和纰漏之处，恳请读者多提宝贵建议。

参考文献

［1］ ANMED A. S. , BEATTY A. , TAKEDA C. . Evidence on Interest Rate risk Management and Derivatives Usage by Commercial Banks ［R］. Working Paper. Pennsylvania State University.

［2］ BAKER M. , STEIN J. , WURGLER J. . When does the market matter? Stock prices and the investment of equity – dependent firms ［J］. Quaterly Journal of Economies, 2003, 18 （3）: 969 – 1005.

［3］ BAKKE T. , WHITED T. . Which Firms Follow the Market? An Analysis of Corporate Investment Decisions ［J］. Review of Financial Studies. 2010, 23 （5）: 1941 – 1980.

［4］ BASSLER W. . An interest rate risk management model for commercial banks ［J］. European Journal of Operational Research, 1994, 74 （2）: 243 – 256.

［5］ BERGERE S. C. , GLEISNER F. . Emergence of Financial Intermediaries in Electronic Markets: The Case of Online P2P Lending ［J］. Business Research, 2009, 2 （1）: 39 – 65.

［6］ BOOTH G. , BESSLER, W. , FOOTE W. . Managing interest – rate risk in banking institutions ［J］. European Journal of Operational Research, 1989, 41 （3）: 302 – 313.

［7］ CAMPIGLIO E. . Beyond carbon pricing: The role of banking and monetary policy in financing the transition to a low – carbon economy ［J］. Ecological Economics, 2016, 121: 220 – 230.

［8］ CHANG X. , TAM L. , TAN T. J. , WONG G. . The Real Impact of Stock Market Mispricing – Evidence from Australia ［R］. Working Paper, University of Melbourne, 2006.

［9］ COLOMBAGE S. . Financial markets and economic performances: Empirical evidence from five industrialized economies ［J］. Research in International Business and Finance, 2009, 23 （3）: 339 – 348.

［10］ DILEK S. , ULUCAY K. , SIMSEK L. . Linking Turkish Credit Card Market as Two – Sided Market ［J］. Procedia – Social and Behavioral Sciences, 2012, 58 （12）: 578 – 586.

［11］ EL – KARMI FZ, ABU – SHIKHAH N. M. . The Role of Financial Incentives in Promoting Renewable Energy in Jordan ［J］. Renewable Energy, 2013, （57）: 620 – 625.

［12］ FANGMINL, JUN W. . Financial System and Renewable Energy Development: Analysis Based on Different Typesof Renewable Energy Situation ［J］. Energy Procedia, 2011, （5）: 829 – 833.

［13］ GILCHRIST S. , HIMMERGERG P. , HUBERMAN. Do stock price bubbles influence corporate investment ［J］. Journal of Monetary Economies, 2005, （52）: 805 – 827.

［14］ JOHN R. . Asset – Liability Management: Theory, practice, and the pole of Judgment ［J］. Brick Associates, 2012.

［15］ JORION P. . Risk: Measuring the Risk in Value at Risk ［J］. FinancialAnalysts, 1996, 52 （6）: 47.

［16］ KASMAN S. , VARDAR G. , TUN G. . The impact of interest rate and exchange rate volatility on banks´stock returns and volatility: Evidence from Turkey ［J］. Economic Modelling, 2011, 28 （3）: 1328 – 1334.

［17］ KRAMER G. J. , HAIGH. M. . No Quick Switch to Low – carbon Energy ［J］. Nature, 2009, 462 （72, 73）: 568 – 569.

［18］ LAI V. , HASSAN M. . An empiricalinvestigation of asset – liability management of small US commercial banks ［J］. Applied Financial Economies, 1997, 7 （5）: 525 – 536.

［19］ MACAULAY F. R. . Some Theoretical Problems Suggested by Movements of Interest Rates, Bond Yields and Stock Prices in the United States 1865 ［M］. NBER. New York Coiumbia University Press 1938.

［20］ MARK J. F. , CHRISTOPHER M. J. . The Effect of Interest Rate Changes on the Common Stock Returns of financial Institutions ［J］. Journal of Finance, 1984, 39 （4）: 1141 – 1153.

［21］ NASH R C, SINKEY J. F.. On competition, risk, and hidden assets in the market for bank credit cards ［J］. 1997, 22 (1): 89－112.

［22］ NOFSINGER J R. Social Mood and Financial Economics. Associate Professor of Finance ［J］. Washington State University, 2005, 6 (3): 144－160.

［23］ POLK C, SAPIENZA P.. The Stock Market and Corporate Investment: A Test of Catering Theory ［J］. Review of Financial Studies, 2009, 22 (1): 187－217.

［24］ SAHMINAN S. Effects of exchange rate depreciation on commercial bank failures in Indonesia ［J］. Journal of Financial Stability, 2007, 3 (2): 175－193.

［25］ SHU W, CHENG C. Y.. How to improve consumer attitudes toward using credit cards online: An experimental study ［J］. Electronic Commerce Research and Applications, 2012, 11 (4): 335－345.

［26］ SINGH S., MURTHI B., STEFFES E.. Developing a measure of risk adjusted revenue (RAR) in credit cards market: Implications for customer relationship management ［J］. European Journal of Operational Research, 2013, 224 (2): 425－434.

［27］ TERRY H. P. et. al. Mobile monetization: Does the shift in traffic pay? ［R］. Goldman Sachs Working report, 2012.

［28］ VIJMADHU. Asset Liability Management in Banks and Financial Institutions ［J］. Journal of Management Research, 2001, 1 (2): 111.

［29］ WETMORE, JILL., John. Interest Rate Risk and The Optional Gap for Commercial Banks: An Empirical Study ［J］. The Financial Review, 1990, (11): 539－557.

［30］ 爱德华. 肖. 经济发展中的金融深化 ［M］. 北京: 中国社会科学出版社, 1989.

［31］ 巴凯. 银行间同业拆借市场与股票市场相关性研究 ［J］. 现代商贸工业, 2015 (16): 115－116.

［32］ 薄纯林. 利率市场化下商业银行利率风险的缺口管理研究 ［D］. 成都: 电子科技大学, 2004.

［33］ 陈昆, 高昊. 商业银行利率市场化风险分析——以5家股份制商业银行为例 ［J］. 经济理论与经济管理, 2010 (3): 57－61.

［34］ 陈巧玉. 商业银行股票收益率波动特征比较研究 ［J］. 金融论坛, 2012 (9): 33－37.

［35］陈茹涥，王聪. 汇率变动与银行稳定相关研究述评［J］. 金融理论与实践，2011
　　　（5）：100－104.

［36］陈涛涛，陈娇. 行业增长因素与我国 FDI 行业内溢出效应［J］. 经济研究，2006
　　　（6）：39－47.

［37］单春红，刘付国. 股票价格波动对银行脆弱性影响的机理分析［J］. 石家庄经济
　　　学院学报，2008（4）：11－15.

［38］邓雄. 我国商业银行汇率风险管理研究［D］. 成都：西南财经大学，2007.

［39］杜莉，顾洪梅. 建构碳金融运行机制支持吉林省低碳经济发展［J］. 东北亚论坛，
　　　2011（6）：91－97.

［40］段超良. 信用卡互联网化转型［J］. 中国金融，2015（4）：22－24.

［41］段军山. 股票价格波动对银行稳定影响的理论及经验分析［J］. 上海金融，2006
　　　（6）：8－11.

［42］樊志刚，胡婕. 利率市场化对银行业的挑战［J］. 中国金融，2012（15）：
　　　17－19.

［43］方匡南，吴见彬，朱建平，等. 信贷信息不对称下的信用卡信用风险研究［J］.
　　　经济研究，2010（S1）：97－107.

［44］冯春燕. 金融开放背景下我国银行的稳定性研究［D］. 天津：天津商业大
　　　学，2011.

［45］付文燕. 金融危机环境下我国商业银行的内部审计研究［D］. 焦作：河南理工大
　　　学，2011.

［46］高震. 商业银行公司业务营销团队管理问题研究——以建设银行 TZ 支行为例
　　　［D］. 北京：中国人民大学，2011.

［47］耿德伟. 收入不平等与经济发展——基于中国省际面板数据的分析［J］. 北京工
　　　商大学学报（社会科学版），2014（4）：17－25.

［48］耿甜甜. 我国商业银行利率风险管理研究［J］. 长江大学学报（社会科学版），
　　　2012（1）.

［49］郭丽丽，李勇. 货币政策、资本监管与商业银行风险承担的门槛效应：理论与经
　　　验证据［J］. 南方经济，2014（12）：19－35.

［50］郝身永，陈辉. 互联网金融对传统商业银行的短期冲击与深远影响［J］. 上海行

政学院学报，2015（2）：96 – 104.

[51] 何来伟. 表外工具在我国商业银行利率风险管理中的应用研究 [D]. 上海：上海财经大学，2009.

[52] 侯若瑶. 利率市场化下我国商业银行利率风险管理研究 [D]. 太原：山西财经大学，2014.

[53] 胡挺，王继康，余馥佳. 基于智能风险管理的银行社会责任风险控制研究——以广州农商银行为例 [J]. 管理现代化，2014（4）：95 – 97.

[54] 黄纯纯. 信用卡标准与银行竞争：基于网络经济学角度的分析 [J]. 金融研究，2006（5）：70 – 80.

[55] 黄金老. 利率市场化与商业银行风险控制 [J]. 经济研究，2001（1）：19 – 28，94.

[56] 李春林，梁艳. 上市银行股票市场分形特征的实证研究 [J]. 价值工程，2012（1）：147 – 148.

[57] 李国祥，王亚君. 股票市场波动对银行脆弱性影响的实证研究 [J]. 金融与经济，2015（9）：71 – 75.

[58] 李合龙，冯春娥. 基于 EEMD 的投资者情绪与股指波动的关系研究 [J]. 系统工程理论与实践，2014（10）：2495 – 2503.

[59] 李瑾瑜. 短期融资券利差分析 [D]. 上海：上海财经大学，2007.

[60] 李明. 互联网企业价值评估的理论与实证研究 [D]. 北京：首都经济贸易大学，2013.

[61] 李强. 国际资本流动背景下我国银行体系稳定性研究 [D]. 乌鲁木齐：新疆财经大学，2008.

[62] 李婉丽，谢桂林，郝佳蕴. 管理者过度自信对企业过度投资影响的实证研究 [J]. 山西财经大学学报，2014（10）：76 – 86.

[63] 李叶，赵洪进. 商业银行的社会责任与财务绩效研究——基于我国上市商业银行的实证分析 [J]. 金融经济，2013（24）：79 – 81.

[64] 李渊博，朱顺林. 互联网金融创新与商业银行经济发展的关系研究——基于省级面板数据的因果关系检验 [J]. 南方经济，2014（12）：36 – 46.

[65] 廖理，沈红波，苏治. 如何推动中国居民的信用卡消费信贷——基于住房的研究

视角 [J]. 中国工业经济, 2013 (12): 117 - 129.

[66] 林雯雯. 低碳经济背景下商业银行的社会责任探析 [J]. 福建师大福清分校学报, 2015 (1): 44 - 52.

[67] 刘飞, 郑晓亚. 商业银行汇率风险量化研究——基于正态分布与非对称拉普拉斯分布的在险价值测度 [J]. 东北财经大学学报, 2015 (4): 83 - 89.

[68] 刘红忠, 张昉. 投资者情绪与上市公司投资——行为金融角度的实证分析 [J]. 复旦学报 (社会科学版), 2004 (5): 63 - 68.

[69] 刘姣姣. 我国上市商业银行贝塔值影响因素分析 [D]. 杭州: 杭州电子科技大学, 2014.

[70] 刘青云, 杨有振. 基于前景理论的商业银行风险承担实证研究 [J]. 商业研究, 2015 (5): 93 - 99.

[71] 刘晓, 熊文, 朱永彬, 等. 经济平稳增长下的湖南省能源消费量及碳排放量预测 [J]. 热带地理, 2011 (3): 310 - 315.

[72] 刘志远, 靳光辉. 投资者情绪与公司投资效率——基于股东持股比例及两权分离调节作用的实证研究 [J]. 管理评论, 2013 (5): 82 - 91.

[73] 楼永, 王瑞. 转换成本、网络规模与信用卡产业竞争策略比较 [J]. 上海管理科学, 2014 (3): 6 - 11.

[74] 陆静, 杨斌. 商业银行汇率风险的 VaR - GARCH (1, 1) 模型计量 [J]. 重庆大学学报 (社会科学版), 2013 (5): 66 - 72.

[75] 陆岷峰, 汪祖刚. 中国商业银行盈利能力持续性研究——基于 2000—2012 年的商业银行非平衡面板数据 [J]. 经济与管理评论, 2015 (3): 100 - 111.

[76] 陆岷峰. 中国股票市场与商业银行的财务危机管理 [J]. 当代财经, 2008 (5): 61 - 63, 84.

[77] 陆雪飞. 基于利率不对称变动情况下的商业银行利率风险实证分析 [D]. 成都: 西南财经大学, 2013.

[78] 罗盛乔. 基于 GARCH - VaR 模型的商业银行信贷风险管理研究 [D]. 长沙: 湖南大学, 2009.

[79] 吕耀明, 林升. 商业银行利率风险管理研究 [J]. 经济研究, 1999 (5): 28 - 33.

[80] 莫慧琴, 王忠, 李亚宁. 银行利率风险测度技术 [J]. 当代经济科学, 1998 (6):

47 - 51, 79.

[81] 宁瑞显. 内部资金转移定价在国内商业银行运用研究 [D]. 昆明：云南大学, 2008.

[82] 潘敏, 朱迪星. 企业的投资决策在迎合市场情绪吗？——来自我国上市公司的经验证据 [J]. 经济管理, 2010 (11): 124 - 131.

[83] 蒲成毅, 潘小军. 低碳经济浪潮下中国碳金融市场发展模式设计 [J]. 西南金融, 2011 (1): 31 - 34.

[84] 邱静, 杨晓莉. 公允价值与我国上市商业银行融资成本 [J]. 中南财经政法大学学报, 2014 (5): 72 - 78.

[85] 沈丽, 于华阳. 中国信用卡竞争的理论与实证分析——基于有效差异化竞争的品牌经济模型 [J]. 金融研究, 2010 (4): 191 - 206.

[86] 沈悦, 郭品. 互联网金融、技术溢出与商业银行全要素生产率 [J]. 金融研究, 2015 (3): 160 - 175.

[87] 施钦. 我国金融衍生产品市场发展策略研究 [D]. 上海：上海财经大学, 2008.

[88] 史金艳, 李燕, 李延喜. 投资者情绪下企业投资行为及其成长性研究——来自中小企业板上市公司的经验证据 [J]. 大连理工大学学报（社会科学版）, 2012 (2): 60 - 64.

[89] 斯文. 外汇衍生品对我国商业银行汇率风险暴露的影响 [J]. 金融与经济, 2014 (2): 26 - 29.

[90] 宋蕾. 我国商业银行的汇率风险与汇率风险管理研究 [D]. 北京：对外经贸大学, 2009.

[91] 孙琳. 六西格玛管理在中国商业银行业的实施路径研究——以中国建设银行零售网点转型项目为例 [D]. 合肥：合肥工业大学, 2010.

[92] 田杰, 刘蓉, 刘勇. 农村银行业结构与中小企业生成——基于中国县域面板数据的经验证据 [J]. 华中农业大学学报（社会科学版）, 2014 (2): 74 - 79.

[93] 佟玥. 金融创新对我国商业银行信用风险影响的实证研究 [J]. 时代金融, 2013 (17): 155 - 156, 158.

[94] 王保忠, 何炼成, 李忠民. 金融支持低碳经济发展的一般机理与多维路径研究 [J]. 现代经济探讨, 2013 (12): 39 - 43.

［95］王飞. 我国商业银行利率风险度量研究［D］. 南京：南京财经大学，2013.

［96］王卉彤. 建立健全低碳经济的金融创新机制研究［J］. 财贸经济，2010（7）：35－39.

［97］王锦虹. 互联网金融对商业银行盈利影响测度研究——基于测度指标体系的构建与分析［J］. 财经理论与实践，2015（1）：7－12.

［98］王锦虹. 互联网金融对商业银行盈利影响测度研究——基于测度指标体系的构建与分析［J］. 财经理论与实践，2015（1）：7－12.

［99］王珏帅. 我国利率市场化进程中商业银行盈利状况经验分析［J］. 财经问题研究，2012（8）：73－77.

［100］王清刚，沈继锋，张杰芳. 商业银行社会责任风险的分析及应对［J］. 上海金融，2015（6）：103－105.

［101］王霞，吴健中. 商业银行资产负债结构抵御利率风险能力的仿真测试［J］. 系统工程理论方法应用，1999（1）：13－19.

［102］王欣欣. 我国股票市场发展对银行间市场的影响［J］. 上海金融，2008（4）：56－59.

［103］王星，金淳，李延喜. 客户特征对商业银行信用卡业务盈利水平的影响［J］. 技术经济，2015（3）：90－96.

［104］王自力，晏彦. 升息周期中的银行利率风险［J］. 南方金融，2005（5）：11－13.

［105］伍伦. 商业银行股权集中度、社会责任与企业价值——基于2008—2012年我国上市银行的经验数据分析［J］. 金融发展研究，2015（1）：26－30.

［106］武剑. 利率市场化进程中的利率风险管理［J］. 财经科学，2003（2）：58－63.

［107］萧松华，邵毅. 商业银行履行社会责任能创造价值吗——来自美国银行业利益相关者的证据［J］. 暨南学报（哲学社会科学版），2014（12）：30－39.

［108］谢赤，周亮球，岳汉奇，等. 基于时变多元 Copula－VaR 的商业银行汇率风险度量［J］. 湖南大学学报（自然科学版），2012（12）：94－99.

［109］谢平，邹传伟. 互联网金融模式研究［J］. 金融研究，2012（12）：11－22.

［110］徐枫，陈昭豪. 金融发展与低碳经济：基于 PVAR 模型的实证研究［J］. 投资研究，2014（3）：54－65.

［111］徐峥. 中国货币市场短期利率波动的动态加权估计［D］. 合肥：中国科学技术大学，2009.

［112］姚德权，黄学军，杨光. 中国机构投资者情绪与股票收益关系研究［J］. 湖南大学学报（社会科学版），2010（6）：46－50.

［113］姚素梅. 基于"赤道原则"下商业银行履行社会责任有效性的实现［J］. 内蒙古金融研究，2013（2）：68－70.

［114］尹迪，沈伟志. 我国股票价格波动性和市场风险分析——以我国商业银行股票的实证分析为例［J］. 财经界（学术版），2015（2）：31.

［115］尹志韶. 商业银行利率风险的最优缺口管理及实证研究［D］. 长沙：湖南大学，2007.

［116］于渤，高印朝. 银行股票市场定价与会计信息的价值相关性研究［J］. 金融研究，2005（6）：67－71.

［117］余明桂，李文贵，潘红波. 管理者过度自信与企业风险承担［J］. 金融研究，2013（1）：149－163.

［118］郁彬. 利率波动周期与中美比较——基于谱分析的研究［D］. 南京：南京理工大学，2012.

［119］袁黎. 金融产品创新对中国商业银行风险影响的实证研究［D］. 武汉：华中科技大学，2013.

［120］张丞，卢米雪，桑璇. 投资者情绪、银行管理者乐观与风险承担［J］. 山西财经大学学报，2014（4）：48－57.

［121］张桂霞. 国际资本流动背景下我国银行体系稳定机制研究［D］. 南京：河海大学，2007.

［122］张庆，朱迪星. 投资者情绪、管理层持股与企业实际投资——来自中国上市公司的经验证据［J］. 南开管理评论，2014（4）：120－127，139.

［123］章末玲. 基于泰勒分析框架下的中国通货膨胀影响因素研究［D］. 长沙：湖南大学，2011.

［124］章细贞，张欣. 管理者过度自信、公司治理与企业过度投资［J］. 中南大学学报（社会科学版），2014（1）：15－22

［125］郑志来. 互联网金融对我国商业银行的影响路径——基于"互联网＋"对零售

业的影响视角［J］. 财经科学，2015（5）：34－43.

［126］朱蓉，徐二明. 银行高管政治关联、社会责任与企业绩效［J］. 上海金融，2015（6）：97－102.

［127］朱文博. 社会捐款对我国商业银行效率的影响——基于企业社会责任的视角和DEA 的研究方法［J］. 现代商业，2015（32）：164－165.

［128］朱珠. 汇率对我国上市商业银行股票价格影响分析［D］. 北京：北京大学，2008.

附录A 中华人民共和国商业银行法（修正）

(1995 年 5 月 10 日第八届全国人民代表大会常务委员会第十三次会议通过 根据 2003 年 12 月 27 日第十届全国人民代表大会常务委员会第六次会议《关于修改〈中华人民共和国商业银行法〉的决定》修正)

第一章 总 则

第一条 为了保护商业银行、存款人和其他客户的合法权益，规范商业银行的行为，提高信贷资产质量，加强监督管理，保障商业银行的稳健运行，维护金融秩序，促进社会主义市场经济的发展，制定本法。

第二条 本法所称的商业银行是指依照本法和《中华人民共和国公司法》设立的吸收公众存款、发放贷款、办理结算等业务的企业法人。

第三条 商业银行可以经营下列部分或者全部业务：

（一）吸收公众存款；

（二）发放短期、中期和长期贷款；

（三）办理国内外结算；

（四）办理票据承兑与贴现；

（五）发行金融债券；

（六）代理发行、代理兑付、承销政府债券；

（七）买卖政府债券、金融债券；

（八）从事同业拆借；

（九）买卖、代理买卖外汇；

（十）从事银行卡业务；

（十一）提供信用证服务及担保；

（十二）代理收付款项及代理保险业务；

（十三）提供保管箱服务；

（十四）经国务院银行业监督管理机构批准的其他业务。

经营范围由商业银行章程规定，报国务院银行业监督管理机构批准。

商业银行经中国人民银行批准，可以经营结汇、售汇业务。

第四条　商业银行以安全性、流动性、效益性为经营原则，实行自主经营，自担风险，自负盈亏，自我约束。

商业银行依法开展业务，不受任何单位和个人的干涉。

商业银行以其全部法人财产独立承担民事责任。

第五条　商业银行与客户的业务往来，应当遵循平等、自愿、公平和诚实信用的原则。

第六条　商业银行应当保障存款人的合法权益不受任何单位和个人的侵犯。

第七条　商业银行开展信贷业务，应当严格审查借款人的资信，实行担保，保障按期收回贷款。

商业银行依法向借款人收回到期贷款的本金和利息，受法律保护。

第八条　商业银行开展业务，应当遵守法律、行政法规的有关规定，不得损害国家利益、社会公共利益。

第九条　商业银行开展业务，应当遵守公平竞争的原则，不得从事不正当竞争。

第十条　商业银行依法接受国务院银行业监督管理机构的监督管理，但法律规定其有关业务接受其他监督管理部门或者机构监督管理的，依照其规定。

第二章　商业银行的设立和组织机构

第十一条　设立商业银行，应当经国务院银行业监督管理机构审查批准。

未经国务院银行业监督管理机构批准，任何单位和个人不得从事吸收公众存款等商业银行业务，任何单位不得在名称中使用"银行"字样。

第十二条　设立商业银行，应当具备下列条件：

（一）有符合本法和《中华人民共和国公司法》规定的章程；

（二）有符合本法规定的注册资本最低限额；

（三）有具备任职专业知识和业务工作经验的董事、高级管理人员；

（四）有健全的组织机构和管理制度；

（五）有符合要求的营业场所、安全防范措施和与业务有关的其他设施。

设立商业银行，还应当符合其他审慎性条件。

第十三条　设立全国性商业银行的注册资本最低限额为十亿元人民币。设立城市商业银行的注册资本最低限额为一亿元人民币，设立农村商业银行的注册资本最低限额为五千万元人民币。注册资本应当是实缴资本。

国务院银行业监督管理机构根据审慎监管的要求可以调整注册资本最低限额，但不得少于前款规定的限额。

第十四条　设立商业银行，申请人应当向国务院银行业监督管理机构提交下列文件、资料：

（一）申请书，申请书应当载明拟设立的商业银行的名称、所在地、注册资本、业务范围等；

（二）可行性研究报告；

（三）国务院银行业监督管理机构规定提交的其他文件、资料。

第十五条　设立商业银行的申请经审查符合本法第十四条规定的，申请人应当填写正式申请表，并提交下列文件、资料：

（一）章程草案；

（二）拟任职的董事、高级管理人员的资格证明；

（三）法定验资机构出具的验资证明；

（四）股东名册及其出资额、股份；

（五）持有注册资本百分之五以上的股东的资信证明和有关资料；

（六）经营方针和计划；

（七）营业场所、安全防范措施和与业务有关的其他设施的资料；

（八）国务院银行业监督管理机构规定的其他文件、资料。

第十六条　经批准设立的商业银行，由国务院银行业监督管理机构颁发经营许可证，并凭该许可证向工商行政管理部门办理登记，领取营业执照。

第十七条　商业银行的组织形式、组织机构适用《中华人民共和国公司法》的规定。

本法施行前设立的商业银行，其组织形式、组织机构不完全符合《中华人民共和国公司法》规定的，可以继续沿用原有的规定，适用前款规定的日期由国务院规定。

第十八条　国有独资商业银行设立监事会。监事会的产生办法由国务院规定。

监事会对国有独资商业银行的信贷资产质量、资产负债比例、国有资产保值增值等情况以及高级管理人员违反法律、行政法规或者章程的行为和损害银行利益的行为进行监督。

第十九条　商业银行根据业务需要可以在中华人民共和国境内外设立分支机构。设立分支机构必须经国务院银行业监督管理机构审查批准。在中华人民共和国境内的分支机构，不按行政区划设立。

商业银行在中华人民共和国境内设立分支机构，应当按照规定拨付与其经营规模相适应的营运资金额。拨付各分支机构营运资金额的总和，不得超过总行资本金总额的百分之六十。

第二十条 设立商业银行分支机构，申请人应当向国务院银行业监督管理机构提交下列文件、资料：

（一）申请书，申请书应当载明拟设立的分支机构的名称、营运资金额、业务范围、总行及分支机构所在地等；

（二）申请人最近二年的财务会计报告；

（三）拟任职的高级管理人员的资格证明；

（四）经营方针和计划；

（五）营业场所、安全防范措施和与业务有关的其他设施的资料；

（六）国务院银行业监督管理机构规定的其他文件、资料。

第二十一条 经批准设立的商业银行分支机构，由国务院银行业监督管理机构颁发经营许可证，并凭该许可证向工商行政管理部门办理登记，领取营业执照。

第二十二条 商业银行对其分支机构实行全行统一核算，统一调度资金，分级管理的财务制度。

商业银行分支机构不具有法人资格，在总行授权范围内依法开展业务，其民事责任由总行承担。

第二十三条 经批准设立的商业银行及其分支机构，由国务院银行业监督管理机构予以公告。

商业银行及其分支机构自取得营业执照之日起无正当理由超过六个月未开业的，或者开业后自行停业连续六个月以上的，由国务院银行业监督管理机构吊销其经营许可证，并予以公告。

第二十四条 商业银行有下列变更事项之一的，应当经国务院银行业监督管理机构批准：

（一）变更名称；

（二）变更注册资本；

（三）变更总行或者分支行所在地；

（四）调整业务范围；

（五）变更持有资本总额或者股份总额百分之五以上的股东；

（六）修改章程；

（七）国务院银行业监督管理机构规定的其他变更事项。

更换董事、高级管理人员时，应当报经国务院银行业监督管理机构审查其任职资格。

第二十五条　商业银行的分立、合并，适用《中华人民共和国公司法》的规定。

商业银行的分立、合并，应当经国务院银行业监督管理机构审查批准。

第二十六条　商业银行应当依照法律、行政法规的规定使用经营许可证。禁止伪造、变造、转让、出租、出借经营许可证。

第二十七条　有下列情形之一的，不得担任商业银行的董事、高级管理人员：

（一）因犯有贪污、贿赂、侵占财产、挪用财产罪或者破坏社会经济秩序罪，被判处刑罚，或者因犯罪被剥夺政治权利的；

（二）担任因经营不善破产清算的公司、企业的董事或者厂长、经理，并对该公司、企业的破产负有个人责任的；

（三）担任因违法被吊销营业执照的公司、企业的法定代表人，并负有个人责任的；

（四）个人所负数额较大的债务到期未清偿的。

第二十八条　任何单位和个人购买商业银行股份总额百分之五以上的，应当事先经国务院银行业监督管理机构批准。

第三章　对存款人的保护

第二十九条　商业银行办理个人储蓄存款业务，应当遵循存款自愿、取款自由、存款有息、为存款人保密的原则。

对个人储蓄存款，商业银行有权拒绝任何单位或者个人查询、冻结、扣划，但法律另有规定的除外。

第三十条　对单位存款，商业银行有权拒绝任何单位或者个人查询，但法律、行政法规另有规定的除外；有权拒绝任何单位或者个人冻结、扣划，但法律另有规定的除外。

第三十一条　商业银行应当按照中国人民银行规定的存款利率的上下限，确定存款利率，并予以公告。

第三十二条　商业银行应当按照中国人民银行的规定，向中国人民银行交存存款准备金，留足备付金。

第三十三条　商业银行应当保证存款本金和利息的支付，不得拖延、拒绝支付存款本金和利息。

第四章　贷款和其他业务的基本规则

第三十四条　商业银行根据国民经济和社会发展的需要，在国家产业政策指导下开展贷款业务。

第三十五条　商业银行贷款，应当对借款人的借款用途、偿还能力、还款方式等情况进行严格审查。

商业银行贷款，应当实行审贷分离、分级审批的制度。

第三十六条　商业银行贷款，借款人应当提供担保。商业银行应当对保证人的偿还能力，抵押物、质物的权属和价值以及实现抵押权、质权的可行性进行严格审查。

经商业银行审查、评估，确认借款人资信良好，确能偿还贷款的，可以不提供担保。

第三十七条　商业银行贷款，应当与借款人订立书面合同。合同应当约定贷款种类、借款用途、金额、利率、还款期限、还款方式、违约责任和双方认为需要约定的其他事项。

第三十八条　商业银行应当按照中国人民银行规定的贷款利率的上下

限，确定贷款利率。

第三十九条　商业银行贷款，应当遵守下列资产负债比例管理的规定：

（一）资本充足率不得低于百分之八；

（二）贷款余额与存款余额的比例不得超过百分之七十五；

（三）流动性资产余额与流动性负债余额的比例不得低于百分之二十五；

（四）对同一借款人的贷款余额与商业银行资本余额的比例不得超过百分之十；

（五）国务院银行业监督管理机构对资产负债比例管理的其他规定。

本法施行前设立的商业银行，在本法施行后，其资产负债比例不符合前款规定的，应当在一定的期限内符合前款规定。具体办法由国务院规定。

第四十条　商业银行不得向关系人发放信用贷款；向关系人发放担保贷款的条件不得优于其他借款人同类贷款的条件。

前款所称关系人是指：

（一）商业银行的董事、监事、管理人员、信贷业务人员及其近亲属；

（二）前项所列人员投资或者担任高级管理职务的公司、企业和其他经济组织。

第四十一条　任何单位和个人不得强令商业银行发放贷款或者提供担保。商业银行有权拒绝任何单位和个人强令要求其发放贷款或者提供担保。

第四十二条　借款人应当按期归还贷款的本金和利息。

借款人到期不归还担保贷款的，商业银行依法享有要求保证人归还贷款本金和利息或者就该担保物优先受偿的权利。商业银行因行使抵押权、质权而取得的不动产或者股权，应当自取得之日起二年内予以处分。

借款人到期不归还信用贷款的，应当按照合同约定承担责任。

第四十三条　商业银行在中华人民共和国境内不得从事信托投资和证券经营业务，不得向非自用不动产投资或者向非银行金融机构和企业投资，但国家另有规定的除外。

第四十四条　商业银行办理票据承兑、汇兑、委托收款等结算业务，应当按照规定的期限兑现，收付入账，不得压单、压票或者违反规定退票。有关兑现、收付入账期限的规定应当公布。

第四十五条　商业银行发行金融债券或者到境外借款，应当依照法律、行政法规的规定报经批准。

第四十六条　同业拆借，应当遵守中国人民银行的规定。禁止利用拆入资金发放固定资产贷款或者用于投资。

拆出资金限于交足存款准备金、留足备付金和归还中国人民银行到期贷款之后的闲置资金。拆入资金用于弥补票据结算、联行汇差头寸的不足和解决临时性周转资金的需要。

第四十七条　商业银行不得违反规定提高或者降低利率以及采用其他不正当手段，吸收存款，发放贷款。

第四十八条　企业事业单位可以自主选择一家商业银行的营业场所开立一个办理日常转账结算和现金收付的基本账户，不得开立两个以上基本账户。

任何单位和个人不得将单位的资金以个人名义开立账户存储。

第四十九条　商业银行的营业时间应当方便客户，并予以公告。商业银行应当在公告的营业时间内营业，不得擅自停止营业或者缩短营业时间。

第五十条　商业银行办理业务，提供服务，按照规定收取手续费。收费项目和标准由国务院银行业监督管理机构、中国人民银行根据职责分工，分别会同国务院价格主管部门制定。

第五十一条　商业银行应当按照国家有关规定保存财务会计报表、业务合同以及其他资料。

第五十二条　商业银行的工作人员应当遵守法律、行政法规和其他各项业务管理的规定，不得有下列行为：

（一）利用职务上的便利，索取、收受贿赂或者违反国家规定收受各种名义的回扣、手续费；

（二）利用职务上的便利，贪污、挪用、侵占本行或者客户的资金；

（三）违反规定徇私向亲属、朋友发放贷款或者提供担保；

（四）在其他经济组织兼职；

（五）违反法律、行政法规和业务管理规定的其他行为。

第五十三条　商业银行的工作人员不得泄露其在任职期间知悉的国家秘密、商业秘密。

第五章　财务会计

第五十四条　商业银行应当依照法律和国家统一的会计制度以及国务院银行业监督管理机构的有关规定，建立、健全本行的财务、会计制度。

第五十五条　商业银行应当按照国家有关规定，真实记录并全面反映其业务活动和财务状况，编制年度财务会计报告，及时向国务院银行业监督管理机构、中国人民银行和国务院财政部门报送。商业银行不得在法定的会计账册外另立会计账册。

第五十六条　商业银行应当于每一会计年度终了三个月内，按照国务院银行业监督管理机构的规定，公布其上一年度的经营业绩和审计报告。

第五十七条　商业银行应当按照国家有关规定，提取呆账准备金，冲销呆账。

第五十八条　商业银行的会计年度自公历1月1日起至12月31日止。

第六章　监督管理

第五十九条　商业银行应当按照有关规定，制定本行的业务规则，建立、健全本行的风险管理和内部控制制度。

第六十条 商业银行应当建立、健全本行对存款、贷款、结算、呆账等各项情况的稽核、检查制度。

商业银行对分支机构应当进行经常性的稽核和检查监督。

第六十一条 商业银行应当按照规定向国务院银行业监督管理机构、中国人民银行报送资产负债表、利润表以及其他财务会计、统计报表和资料。

第六十二条 国务院银行业监督管理机构有权依照本法第三章、第四章、第五章的规定，随时对商业银行的存款、贷款、结算、呆账等情况进行检查监督。检查监督时，检查监督人员应当出示合法的证件。商业银行应当按照国务院银行业监督管理机构的要求，提供财务会计资料、业务合同和有关经营管理方面的其他信息。

中国人民银行有权依照《中华人民共和国中国人民银行法》第三十二条、第三十四条的规定对商业银行进行检查监督。

第六十三条 商业银行应当依法接受审计机关的审计监督。

第七章 接管和终止

第六十四条 商业银行已经或者可能发生信用危机，严重影响存款人的利益时，国务院银行业监督管理机构可以对该银行实行接管。

接管的目的是对被接管的商业银行采取必要措施，以保护存款人的利益，恢复商业银行的正常经营能力。被接管的商业银行的债权债务关系不因接管而变化。

第六十五条 接管由国务院银行业监督管理机构决定，并组织实施。国务院银行业监督管理机构的接管决定应当载明下列内容：

（一）被接管的商业银行名称；

（二）接管理由；

（三）接管组织；

（四）接管期限。

接管决定由国务院银行业监督管理机构予以公告。

第六十六条　接管自接管决定实施之日起开始。

自接管开始之日起，由接管组织行使商业银行的经营管理权力。

第六十七条　接管期限届满，国务院银行业监督管理机构可以决定延期，但接管期限最长不得超过二年。

第六十八条　有下列情形之一的，接管终止：

（一）接管决定规定的期限届满或者国务院银行业监督管理机构决定的接管延期届满；

（二）接管期限届满前，该商业银行已恢复正常经营能力；

（三）接管期限届满前，该商业银行被合并或者被依法宣告破产。

第六十九条　商业银行因分立、合并或者出现公司章程规定的解散事由需要解散的，应当向国务院银行业监督管理机构提出申请，并附解散的理由和支付存款的本金和利息等债务清偿计划。经国务院银行业监督管理机构批准后解散。

商业银行解散的，应当依法成立清算组，进行清算，按照清偿计划及时偿还存款本金和利息等债务。国务院银行业监督管理机构监督清算过程。

第七十条　商业银行因吊销经营许可证被撤销的，国务院银行业监督管理机构应当依法及时组织成立清算组，进行清算，按照清偿计划及时偿还存款本金和利息等债务。

第七十一条　商业银行不能支付到期债务，经国务院银行业监督管理机构同意，由人民法院依法宣告其破产。商业银行被宣告破产的，由人民法院组织国务院银行业监督管理机构等有关部门和有关人员成立清算组，进行清算。

商业银行破产清算时，在支付清算费用、所欠职工工资和劳动保险费用后，应当优先支付个人储蓄存款的本金和利息。

第七十二条　商业银行因解散、被撤销和被宣告破产而终止。

第八章 法律责任

第七十三条 商业银行有下列情形之一，对存款人或者其他客户造成财产损害的，应当承担支付迟延履行的利息以及其他民事责任：

（一）无故拖延、拒绝支付存款本金和利息的；

（二）违反票据承兑等结算业务规定，不予兑现，不予收付入账，压单、压票或者违反规定退票的；

（三）非法查询、冻结、扣划个人储蓄存款或者单位存款的；

（四）违反本法规定对存款人或者其他客户造成损害的其他行为。

有前款规定情形的，由国务院银行业监督管理机构责令改正，有违法所得的，没收违法所得，违法所得五万元以上的，并处违法所得一倍以上五倍以下罚款；没有违法所得或者违法所得不足五万元的，处五万元以上五十万元以下罚款。

第七十四条 商业银行有下列情形之一，由国务院银行业监督管理机构责令改正，有违法所得的，没收违法所得，违法所得五十万元以上的，并处违法所得一倍以上五倍以下罚款；没有违法所得或者违法所得不足五十万元的，处五十万元以上二百万元以下罚款；情节特别严重或者逾期不改正的，可以责令停业整顿或者吊销其经营许可证；构成犯罪的，依法追究刑事责任：

（一）未经批准设立分支机构的；

（二）未经批准分立、合并或者违反规定对变更事项不报批的；

（三）违反规定提高或者降低利率以及采用其他不正当手段，吸收存款，发放贷款的；

（四）出租、出借经营许可证的；

（五）未经批准买卖、代理买卖外汇的；

（六）未经批准买卖政府债券或者发行、买卖金融债券的；

（七）违反国家规定从事信托投资和证券经营业务、向非自用不动产投资或者向非银行金融机构和企业投资的；

（八）向关系人发放信用贷款或者发放担保贷款的条件优于其他借款人同类贷款的条件的。

第七十五条　商业银行有下列情形之一，由国务院银行业监督管理机构责令改正，并处二十万元以上五十万元以下罚款；情节特别严重或者逾期不改正的，可以责令停业整顿或者吊销其经营许可证；构成犯罪的，依法追究刑事责任：

（一）拒绝或者阻碍国务院银行业监督管理机构检查监督的；

（二）提供虚假的或者隐瞒重要事实的财务会计报告、报表和统计报表的；

（三）未遵守资本充足率、存贷比例、资产流动性比例、同一借款人贷款比例和国务院银行业监督管理机构有关资产负债比例管理的其他规定的。

第七十六条　商业银行有下列情形之一，由中国人民银行责令改正，有违法所得的，没收违法所得，违法所得五十万元以上的，并处违法所得一倍以上五倍以下罚款；没有违法所得或者违法所得不足五十万元的，处五十万元以上二百万元以下罚款；情节特别严重或者逾期不改正的，中国人民银行可以建议国务院银行业监督管理机构责令停业整顿或者吊销其经营许可证；构成犯罪的，依法追究刑事责任：

（一）未经批准办理结汇、售汇的；

（二）未经批准在银行间债券市场发行、买卖金融债券或者到境外借款的；

（三）违反规定同业拆借的。

第七十七条　商业银行有下列情形之一，由中国人民银行责令改正，并处二十万元以上五十万元以下罚款；情节特别严重或者逾期不改正的，中国人民银行可以建议国务院银行业监督管理机构责令停业整顿或者吊销其经营许可证；构成犯罪的，依法追究刑事责任：

（一）拒绝或者阻碍中国人民银行检查监督的；

（二）提供虚假的或者隐瞒重要事实的财务会计报告、报表和统计报表的；

（三）未按照中国人民银行规定的比例交存存款准备金的。

第七十八条　商业银行有本法第七十三条至第七十七条规定情形的，对直接负责的董事、高级管理人员和其他直接责任人员，应当给予纪律处分；构成犯罪的，依法追究刑事责任。

第七十九条　有下列情形之一，由国务院银行业监督管理机构责令改正，有违法所得的，没收违法所得，违法所得五万元以上的，并处违法所得一倍以上五倍以下罚款；没有违法所得或者违法所得不足五万元的，处五万元以上五十万元以下罚款：

（一）未经批准在名称中使用"银行"字样的；

（二）未经批准购买商业银行股份总额百分之五以上的；

（三）将单位的资金以个人名义开立账户存储的。

第八十条　商业银行不按照规定向国务院银行业监督管理机构报送有关文件、资料的，由国务院银行业监督管理机构责令改正，逾期不改正的，处十万元以上三十万元以下罚款。

商业银行不按照规定向中国人民银行报送有关文件、资料的，由中国人民银行责令改正，逾期不改正的，处十万元以上三十万元以下罚款。

第八十一条　未经国务院银行业监督管理机构批准，擅自设立商业银行，或者非法吸收公众存款、变相吸收公众存款，构成犯罪的，依法追究刑事责任；并由国务院银行业监督管理机构予以取缔。

伪造、变造、转让商业银行经营许可证，构成犯罪的，依法追究刑事责任。

第八十二条　借款人采取欺诈手段骗取贷款，构成犯罪的，依法追究刑事责任。

第八十三条　有本法第八十一条、第八十二条规定的行为，尚不构成犯罪的，由国务院银行业监督管理机构没收违法所得，违法所得五十万元以上的，并处违法所得一倍以上五倍以下罚款；没有违法所得或者违法所得不足五十万元的，处五十万元以上二百万元以下罚款。

第八十四条　商业银行工作人员利用职务上的便利，索取、收受贿赂或者违反国家规定收受各种名义的回扣、手续费，构成犯罪的，依法追究刑事责任；尚不构成犯罪的，应当给予纪律处分。

有前款行为，发放贷款或者提供担保造成损失的，应当承担全部或者部分赔偿责任。

第八十五条　商业银行工作人员利用职务上的便利，贪污、挪用、侵占本行或者客户资金，构成犯罪的，依法追究刑事责任；尚不构成犯罪的，应当给予纪律处分。

第八十六条　商业银行工作人员违反本法规定玩忽职守造成损失的，应当给予纪律处分；构成犯罪的，依法追究刑事责任。

违反规定徇私向亲属、朋友发放贷款或者提供担保造成损失的，应当承担全部或者部分赔偿责任。

第八十七条　商业银行工作人员泄露在任职期间知悉的国家秘密、商业秘密的，应当给予纪律处分；构成犯罪的，依法追究刑事责任。

第八十八条　单位或者个人强令商业银行发放贷款或者提供担保的，应当对直接负责的主管人员和其他直接责任人员或者个人给予纪律处分；造成损失的，应当承担全部或者部分赔偿责任。

商业银行的工作人员对单位或者个人强令其发放贷款或者提供担保未予拒绝的，应当给予纪律处分；造成损失的，应当承担相应的赔偿责任。

第八十九条　商业银行违反本法规定的，国务院银行业监督管理机构可以区别不同情形，取消其直接负责的董事、高级管理人员一定期限直至终身的任职资格，禁止直接负责的董事、高级管理人员和其他直接责任人员一定期限直至终身从事银行业工作。

商业银行的行为尚不构成犯罪的，对直接负责的董事、高级管理人员和其他直接责任人员，给予警告，处五万元以上五十万元以下罚款。

第九十条　商业银行及其工作人员对国务院银行业监督管理机构、中国人民银行的处罚决定不服的，可以依照《中华人民共和国行政诉讼法》的规定向人民法院提起诉讼。

第九章　附　则

第九十一条　本法施行前，按照国务院的规定经批准设立的商业银行不再办理审批手续。

第九十二条　外资商业银行、中外合资商业银行、外国商业银行分行适用本法规定，法律、行政法规另有规定的，依照其规定。

第九十三条　城市信用合作社、农村信用合作社办理存款、贷款和结算等业务，适用本法有关规定。

第九十四条　邮政企业办理商业银行的有关业务，适用本法有关规定。

第九十五条　本法自 1995 年 7 月 1 日起施行。

附录 B 中华人民共和国银行业监督管理法

2003 年 12 月 27 日第十届全国人民代表大会常务委员会第六次会议通过

第一章 总 则

第一条 为了加强对银行业的监督管理,规范监督管理行为,防范和化解银行业风险,保护存款人和其他客户的合法权益,促进银行业健康发展,制定本法。

第二条 国务院银行业监督管理机构负责对全国银行业金融机构及其业务活动监督管理的工作。

本法所称银行业金融机构,是指在中华人民共和国境内设立的商业银行、城市信用合作社、农村信用合作社等吸收公众存款的金融机构以及政策性银行。

对在中华人民共和国境内设立的金融资产管理公司、信托投资公司、财务公司、金融租赁公司以及经国务院银行业监督管理机构批准设立的其他金融机构的监督管理,适用本法对银行业金融机构监督管理的规定。

国务院银行业监督管理机构依照本法有关规定,对经其批准在境外设立的金融机构以及前二款金融机构在境外的业务活动实施监督管理。

第三条 银行业监督管理的目标是促进银行业的合法、稳健运行,维护公众对银行业的信心。

银行业监督管理应当保护银行业公平竞争，提高银行业竞争能力。

第四条 银行业监督管理机构对银行业实施监督管理，应当遵循依法、公开、公正和效率的原则。

第五条 银行业监督管理机构及其从事监督管理工作的人员依法履行监督管理职责，受法律保护。地方政府、各级政府部门、社会团体和个人不得干涉。

第六条 国务院银行业监督管理机构应当和中国人民银行、国务院其他金融监督管理机构建立监督管理信息共享机制。

第七条 国务院银行业监督管理机构可以和其他国家或者地区的银行业监督管理机构建立监督管理合作机制，实施跨境监督管理。

第二章　监督管理机构

第八条 国务院银行业监督管理机构根据履行职责的需要设立派出机构。国务院银行业监督管理机构对派出机构实行统一领导和管理。

国务院银行业监督管理机构的派出机构在国务院银行业监督管理机构的授权范围内，履行监督管理职责。

第九条 银行业监督管理机构从事监督管理工作的人员，应当具备与其任职相适应的专业知识和业务工作经验。

第十条 银行业监督管理机构工作人员，应当忠于职守，依法办事，公正廉洁，不得利用职务便利牟取不正当的利益，不得在金融机构等企业中兼任职务。

第十一条 银行业监督管理机构工作人员，应当依法保守国家秘密，并有责任为其监督管理的银行业金融机构及当事人保守秘密。

国务院银行业监督管理机构同其他国家或者地区的银行业监督管理机构交流监督管理信息，应当就信息保密做出安排。

第十二条 国务院银行业监督管理机构应当公开监督管理程序，建立监督管理责任制度和内部监督制度。

第十三条　银行业监督管理机构在处置银行业金融机构风险、查处有关金融违法行为等监督管理活动中，地方政府、各级有关部门应当予以配合和协助。

第十四条　国务院审计、监察等机关，应当依照法律规定对国务院银行业监督管理机构的活动进行监督。

第三章　监督管理职责

第十五条　国务院银行业监督管理机构依照法律、行政法规制定并发布对银行业金融机构及其业务活动监督管理的规章、规则。

第十六条　国务院银行业监督管理机构依照法律、行政法规规定的条件和程序，审查批准银行业金融机构的设立、变更、终止以及业务范围。

第十七条　申请设立银行业金融机构，或者银行业金融机构变更持有资本总额或者股份总额达到规定比例以上的股东的，国务院银行业监督管理机构应当对股东的资金来源、财务状况、资本补充能力和诚信状况进行审查。

第十八条　银行业金融机构业务范围内的业务品种，应当按照规定经国务院银行业监督管理机构审查批准或者备案。需要审查批准或者备案的业务品种，由国务院银行业监督管理机构依照法律、行政法规作出规定并公布。

第十九条　未经国务院银行业监督管理机构批准，任何单位或者个人不得设立银行业金融机构或者从事银行业金融机构的业务活动。

第二十条　国务院银行业监督管理机构对银行业金融机构的董事和高级管理人员实行任职资格管理。具体办法由国务院银行业监督管理机构制定。

第二十一条　银行业金融机构的审慎经营规则，由法律、行政法规规定，也可以由国务院银行业监督管理机构依照法律、行政法规制定。

前款规定的审慎经营规则，包括风险管理、内部控制、资本充足率、资产质量、损失准备金、风险集中、关联交易、资产流动性等内容。

银行业金融机构应当严格遵守审慎经营规则。

第二十二条 国务院银行业监督管理机构应当在规定的期限，对下列申请事项做出批准或者不批准的书面决定；决定不批准的，应当说明理由：

（一）银行业金融机构的设立，自收到申请文件之日起六个月内；

（二）银行业金融机构的变更、终止，以及业务范围和增加业务范围内的业务品种，自收到申请文件之日起三个月内；

（三）审查董事和高级管理人员的任职资格，自收到申请文件之日起三十日内。

第二十三条 银行业监督管理机构应当对银行业金融机构的业务活动及其风险状况进行非现场监管，建立银行业金融机构监督管理信息系统，分析、评价银行业金融机构的风险状况。

第二十四条 银行业监督管理机构应当对银行业金融机构的业务活动及其风险状况进行现场检查。

国务院银行业监督管理机构应当制定现场检查程序，规范现场检查行为。

第二十五条 国务院银行业监督管理机构应当对银行业金融机构实行并表监督管理。

第二十六条 国务院银行业监督管理机构对中国人民银行提出的检查银行业金融机构的建议，应当自收到建议之日起三十日内予以回复。

第二十七条 国务院银行业监督管理机构应当建立银行业金融机构监督管理评级体系和风险预警机制，根据银行业金融机构的评级情况和风险状况，确定对其现场检查的频率、范围和需要采取的其他措施。

第二十八条 国务院银行业监督管理机构应当建立银行业突发事件的发现、报告岗位责任制度。

银行业监督管理机构发现可能引发系统性银行业风险、严重影响社会稳定的突发事件的，应当立即向国务院银行业监督管理机构负责人报告；国务院银行业监督管理机构负责人认为需要向国务院报告的，应当立即向国务院报告，并告知中国人民银行、国务院财政部门等有关部门。

第二十九条　国务院银行业监督管理机构应当会同中国人民银行、国务院财政部门等有关部门建立银行业突发事件处置制度，制定银行业突发事件处置预案，明确处置机构和人员及其职责、处置措施和处置程序，及时、有效地处置银行业突发事件。

第三十条　国务院银行业监督管理机构负责统一编制全国银行业金融机构的统计数据、报表，并按照国家有关规定予以公布。

第三十一条　国务院银行业监督管理机构对银行业自律组织的活动进行指导和监督。

银行业自律组织的章程应当报国务院银行业监督管理机构备案。

第三十二条　国务院银行业监督管理机构可以开展与银行业监督管理有关的国际交流、合作活动。

第四章　监督管理措施

第三十三条　银行业监督管理机构根据履行职责的需要，有权要求银行业金融机构按照规定报送资产负债表、利润表和其他财务会计、统计报表、经营管理资料以及注册会计师出具的审计报告。

第三十四条　银行业监督管理机构根据审慎监管的要求，可以采取下列措施进行现场检查：

（一）进入银行业金融机构进行检查；

（二）询问银行业金融机构的工作人员，要求其对有关检查事项做出说明；

（三）查阅、复制银行业金融机构与检查事项有关的文件、资料，对可能被转移、隐匿或者毁损的文件、资料予以封存；

（四）检查银行业金融机构运用电子计算机管理业务数据的系统。

进行现场检查，应当经银行业监督管理机构负责人批准。现场检查时，检查人员不得少于二人，并应当出示合法证件和检查通知书；检查人员少于二人或者未出示合法证件和检查通知书的，银行业金融机构有权拒绝检查。

第三十五条　银行业监督管理机构根据履行职责的需要，可以与银行业金融机构董事、高级管理人员进行监督管理谈话，要求银行业金融机构董事、高级管理人员就银行业金融机构的业务活动和风险管理的重大事项做出说明。

第三十六条　银行业监督管理机构应当责令银行业金融机构按照规定，如实向社会公众披露财务会计报告、风险管理状况、董事和高级管理人员变更以及其他重大事项等信息。

第三十七条　银行业金融机构违反审慎经营规则的，国务院银行业监督管理机构或者其省一级派出机构应当责令限期改正；逾期未改正的，或者其行为严重危及该银行业金融机构的稳健运行、损害存款人和其他客户合法权益的，经国务院银行业监督管理机构或者其省一级派出机构负责人批准，可以区别情形，采取下列措施：

（一）责令暂停部分业务、停止批准开办新业务；

（二）限制分配红利和其他收入；

（三）限制资产转让；

（四）责令控股股东转让股权或者限制有关股东的权利；

（五）责令调整董事、高级管理人员或者限制其权利；

（六）停止批准增设分支机构。

银行业金融机构整改后，应当向国务院银行业监督管理机构或者其省一级派出机构提交报告。国务院银行业监督管理机构或者其省一级派出机构经验收，符合有关审慎经营规则的，应当自验收完毕之日起三日内解除对其采取的前款规定的有关措施。

第三十八条　银行业金融机构已经或者可能发生信用危机，严重影响存款人和其他客户合法权益的，国务院银行业监督管理机构可以依法对该银行业金融机构实行接管或者促成机构重组，接管和机构重组依照有关法律和国务院的规定执行。

第三十九条　银行业金融机构有违法经营、经营管理不善等情形，不予撤销将严重危害金融秩序、损害公众利益的，国务院银行业监督管理机构有权予以撤销。

第四十条　银行业金融机构被接管、重组或者被撤销的，国务院银行业监督管理机构有权要求该银行业金融机构的董事、高级管理人员和其他工作人员，按照国务院银行业监督管理机构的要求履行职责。

在接管、机构重组或者撤销清算期间，经国务院银行业监督管理机构负责人批准，对直接负责的董事、高级管理人员和其他直接责任人员，可以采取下列措施：

（一）直接负责的董事、高级管理人员和其他直接责任人员出境将对国家利益造成重大损失的，通知出境管理机关依法阻止其出境；

（二）申请司法机关禁止其转移、转让财产或者对其财产设定其他权利。

第四十一条　经国务院银行业监督管理机构或者其省一级派出机构负责人批准，银行业监督管理机构有权查询涉嫌金融违法的银行业金融机构及其工作人员以及关联行为人的账户；对涉嫌转移或者隐匿违法资金的，经银行业监督管理机构负责人批准，可以申请司法机关予以冻结。

第五章　法律责任

第四十二条　银行业监督管理机构从事监督管理工作的人员有下列情形之一的，依法给予行政处分；构成犯罪的，依法追究刑事责任：

（一）违反规定审查批准银行业金融机构的设立、变更、终止，以及业务范围和业务范围内的业务品种的；

（二）违反规定对银行业金融机构进行现场检查的；

（三）未依照本法第二十八条规定报告突发事件的；

（四）违反规定查询账户或者申请冻结资金的；

（五）违反规定对银行业金融机构采取措施或者处罚的；

（六）滥用职权、玩忽职守的其他行为。

银行业监督管理机构从事监督管理工作的人员贪污受贿、泄露国家秘密或者所知悉的商业秘密，构成犯罪的，依法追究刑事责任；尚不构成犯罪的，依法给予行政处分。

第四十三条　擅自设立银行业金融机构或者非法从事银行业金融机构的业务活动的，由国务院银行业监督管理机构予以取缔；构成犯罪的，依法追究刑事责任；尚不构成犯罪的，由国务院银行业监督管理机构没收违法所得，违法所得五十万元以上的，并处违法所得一倍以上五倍以下罚款；没有违法所得或者违法所得不足五十万元的，处五十万元以上二百万元以下罚款。

第四十四条　银行业金融机构有下列情形之一，由国务院银行业监督管理机构责令改正，有违法所得的，没收违法所得，违法所得五十万元以上的，并处违法所得一倍以上五倍以下罚款；没有违法所得或者违法所得不足五十万元的，处五十万元以上二百万元以下罚款；情节特别严重或者逾期不改正的，可以责令停业整顿或者吊销其经营许可证；构成犯罪的，依法追究刑事责任：

（一）未经批准设立分支机构的；

（二）未经批准变更、终止的；

（三）违反规定从事未经批准或者未备案的业务活动的；

（四）违反规定提高或者降低存款利率、贷款利率的。

第四十五条　银行业金融机构有下列情形之一，由国务院银行业监督管理机构责令改正，并处二十万元以上五十万元以下罚款；情节特别严重或者逾期不改正的，可以责令停业整顿或者吊销其经营许可证；构成犯罪的，依法追究刑事责任：

（一）未经任职资格审查任命董事、高级管理人员的；

（二）拒绝或者阻碍非现场监管或者现场检查的；

（三）提供虚假的或者隐瞒重要事实的报表、报告等文件、资料的；

（四）未按照规定进行信息披露的；

（五）严重违反审慎经营规则的；

（六）拒绝执行本法第三十七条规定的措施的。

第四十六条　银行业金融机构不按照规定提供报表、报告等文件、资料的，由银行业监督管理机构责令改正，逾期不改正的，处十万元以上三十万元以下罚款。

第四十七条　银行业金融机构违反法律、行政法规以及国家有关银行业监督管理规定的，银行业监督管理机构除依照本法第四十三条至第四十六条规定处罚外，还可以区别不同情形，采取下列措施：

（一）责令银行业金融机构对直接负责的董事、高级管理人员和其他直接责任人员给予纪律处分；

（二）银行业金融机构的行为尚不构成犯罪的，对直接负责的董事、高级管理人员和其他直接责任人员给予警告，处五万元以上五十万元以下罚款；

（三）取消直接负责的董事、高级管理人员一定期限直至终身的任职资格，禁止直接负责的董事、高级管理人员和其他直接责任人员一定期限直至终身从事银行业工作。

第六章　附　则

第四十八条　对在中华人民共和国境内设立的政策性银行、金融资产管理公司的监督管理，法律、行政法规另有规定的，依照其规定。

第四十九条　对在中华人民共和国境内设立的外资银行业金融机构、中外合资银行业金融机构、外国银行业金融机构的分支机构的监督管理，法律、行政法规另有规定的，依照其规定。

第五十条　本法自 2004 年 2 月 1 日起施行。

附录 C　中国银监会关于中国银行业实施新监管标准的指导意见

各银监局，各政策性银行、国有商业银行、股份制商业银行，中国邮政储蓄银行，银监会直接监管的信托公司、企业集团财务公司、金融租赁公司：

"十二五"规划纲要明确提出参与国际金融准则新一轮修订，完善我国金融业稳健标准。2010 年 12 月 16 日，巴塞尔委员会发布了《第三版巴塞尔协议》（Basel Ⅲ），并要求各成员经济体两年内完成相应监管法规的制定和修订工作，2013 年 1 月 1 日开始实施新监管标准，2019 年 1 月 1 日前全面达标。《第三版巴塞尔协议》确立了微观审慎和宏观审慎相结合的金融监管新模式，大幅度提高了商业银行资本监管要求，建立全球一致的流动性监管量化标准，将对商业银行经营模式、银行体系稳健性乃至宏观经济运行产生深远影响。为推动中国银行业实施国际新监管标准，增强银行体系稳健性和国内银行的国际竞争力，特制定本指导意见。

一、总体目标和指导原则

（一）总体目标

借鉴国际金融监管改革成果，根据国内银行业改革发展和监管实际，构建面向未来、符合国情、与国际标准接轨的银行业监管框架，推动银行业贯彻落实"十二五"规划纲要,进一步深化改革,转变发展方式,提高发展质量,增强银行业稳健性和竞争力,支持国民经济稳健平衡可持续增长。

(二) 指导原则

1. 立足国内银行业实际,借鉴国际金融监管改革成果,完善银行业审慎监管标准。基于我国银行业改革发展实际,坚持行之有效的监管实践,借鉴《第三版巴塞尔协议》,提升我国银行业稳健标准,构建一整套维护银行体系长期稳健运行的审慎监管制度安排。

2. 宏观审慎监管与微观审慎监管有机结合。统筹考虑我国经济周期及金融市场发展变化趋势,科学设计资本充足率、杠杆率、流动性、贷款损失准备等监管标准并合理确定监管要求,体现逆周期宏观审慎监管要求,充分反映银行业金融机构面临的单体风险和系统性风险。

3. 监管标准统一性和监管实践灵活性相结合。为保证银行业竞争的公平性,统一设定适用于各类银行业金融机构的监管标准,同时适当提高系统重要性银行监管标准,并根据不同机构情况设置差异化的过渡期安排,确保各类银行业金融机构向新监管标准平稳过渡。

4. 支持经济持续增长和维护银行体系稳健统筹兼顾。银行体系是我国融资体系的主渠道,过渡期内监管部门将密切监控新监管标准对银行业金融机构的微观影响和对实体经济运行的宏观效应,全面评估成本与收益,并加强与相关部门的政策协调,避免新监管标准实施对信贷供给及经济发展可能造成的负面冲击。

二、提高银行业审慎监管标准

根据《第三版巴塞尔协议》确定的银行资本和流动性监管新标准,在全面评估现行审慎监管制度有效性的基础上,提高资本充足率、杠杆率、流动性、贷款损失准备等监管标准,建立更具前瞻性的、有机统一的审慎监管制度安排，增强银行业金融机构抵御风险的能力。

（一）强化资本充足率监管

1. 改进资本充足率计算方法。一是严格资本定义，提高监管资本的损失吸收能力。将监管资本从现行的两级分类（一级资本和二级资本）修改为三级分类，即核心一级资本、其他一级资本和二级资本；严格执行对核心一级资本的扣除规定，提升资本工具吸收损失能力。二是优化风险加权资产计算方法，扩大资本覆盖的风险范围。采用差异化的信用风险权重方法，推动银行业金融机构提升信用风险管理能力；明确操作风险的资本要求；提高交易性业务、资产证券化业务、场外衍生品交易等复杂金融工具的风险权重。

2. 提高资本充足率监管要求。将现行的两个最低资本充足率要求（一级资本和总资本占风险资产的比例分别不低于4%和8%）调整为三个层次的资本充足率要求：一是明确三个最低资本充足率要求，即核心一级资本充足率、一级资本充足率和资本充足率分别不低于5%、6%和8%。二是引入逆周期资本监管框架，包括：2.5%的留存超额资本和0~2.5%的逆周期超额资本。三是增加系统重要性银行的附加资本要求，暂定为1%。新标准实施后，正常条件下系统重要性银行和非系统重要性银行的资本充足率分别不低于11.5%和10.5%；若出现系统性的信贷过快增长，商业银行需计提逆周期超额资本。

3. 建立杠杆率监管标准。引入杠杆率监管标准，即一级资本占调整后表内外资产余额的比例不低于4%，弥补资本充足率的不足，控制银行业金融机构以及银行体系的杠杆率积累。

4. 合理安排过渡期。新资本监管标准从2012年1月1日开始执行，系统重要性银行和非系统重要性银行应分别于2013年底和2016年底前达到新的资本监管标准。过渡期结束后，各类银行应按照新监管标准披露资本充足率和杠杆率。

（二）改进流动性风险监管

1. 建立多维度的流动性风险监管标准和监测指标体系。建立流动性覆盖率、净稳定融资比例、流动性比例、存贷比以及核心负债依存度、流动性缺口率、客户存款集中度以及同业负债集中度等多个流动性风险监管和监测指标，其中流动性覆盖率、净稳定融资比例均不得低于100%。同时，推动银行业金融机构建立多情景、多方法、多币种和多时间跨度的流动性风险内部监控指标体系。

2. 引导银行业金融机构加强流动性风险管理。进一步明确银行业金融机构流动性风险管理的审慎监管要求，提高流动性风险管理的精细化程度和专业化水平，严格监督检查措施，纠正不审慎行为，促使商业银行合理匹配资产负债期限结构，增强银行体系应对流动性压力冲击的能力。

3. 合理安排过渡期。新的流动性风险监管标准和监测指标体系自2012年1月1日开始实施，流动性覆盖率和净稳定融资比例分别给予2年和5年的观察期，银行业金融机构应于2013年底和2016年底前分别达到流动性覆盖率和净稳定融资比例的监管要求。

（三）强化贷款损失准备监管

1. 建立贷款拨备率和拨备覆盖率监管标准。贷款拨备率（贷款损失准备占贷款的比例）不低于2.5%，拨备覆盖率（贷款损失准备占不良贷款的比例）不低于150%，原则上按两者孰高的方法确定银行业金融机构贷款损失准备监管要求。

2. 建立动态调整贷款损失准备制度。监管部门将根据经济发展不同阶段、银行业金融机构贷款质量差异和盈利状况的不同，对贷款损失准备监管要求进行动态化和差异化调整：经济上行期适度提高贷款损失准备要求，经济下行期则根据贷款核销情况适度调低；根据单家银行业金融机构的贷款质量和盈利能力，适度调整贷款损失准备要求。

3. 过渡期安排。新标准自 2012 年 1 月 1 日开始实施，系统重要性银行应于 2013 年底前达标；对非系统重要性银行，监管部门将设定差异化的过渡期安排，并鼓励提前达标：盈利能力较强、贷款损失准备补提较少的银行业金融机构应在 2016 年底前达标；个别盈利能力较低、贷款损失准备补提较多的银行业金融机构应在 2018 年底前达标。

三、增强系统重要性银行监管有效性

根据国内大型银行经营模式以及监管实践，监管部门将从市场准入、审慎监管标准、持续监管和监管合作几个方面，加强系统重要性银行监管。

1. 明确系统重要性银行的定义。国内系统重要性银行的评估主要考虑规模、关联性、复杂性和可替代性等四个方面因素，监管部门将建立系统重要性银行的评估方法论和持续评估框架。

2. 维持防火墙安排，改进事前准入监管。为防止系统重要性银行经营模式过于复杂，降低不同金融市场风险的传染，继续采用结构化限制性监管措施：一是维持现行银行体系与资本市场、银行与控股股东、银行与附属机构之间的防火墙，防止风险跨境、跨业传染。二是从严限制银行业金融机构从事结构复杂、高杠杆交易业务，避免过度承担风险。三是审慎推进综合经营试点。对于进行综合经营试点的银行，建立正式的后评估制度，对于在合理时限内跨业经营仍不能达到所在行业平均盈利水平的银行，监管部门将要求其退出该行业。

3. 提高审慎监管要求。除附加资本要求之外，监管部门将视情况对系统重要性银行提出更高的审慎监管要求，以提升其应对外部冲击的能力：一是要求系统重要性银行发行自救债券，以提高吸收损失的能力。二是提高流动性监管要求。三是进一步严格大额风险暴露限制，适度降低系统重要性银行对单一借款人和集团客户贷款占资本净额的比例。四是提高集团层面并表风险治理监管标准，包括集团层面风险偏好设定、统一的风险管理政策、信息管理系统建设、集团内部交易等。

4. 强化持续监管。一是监管资源向系统重要性银行倾斜，赋予一线监管人员更广泛的权力，加强对系统重要性银行决策过程、执行过程的监管，以尽早识别风险并采取干预措施。二是丰富和扩展非现场监管体系，完善系统重要性银行的风险监管评估框架，及时预警、有效识别并快速处置风险。三是进一步提升系统重要性银行现场检查精确打击的能力，督促系统重要性银行加强公司治理和风险管理，防止和纠正不安全、不稳健的经营行为。四是实现功能监管与机构监管相结合，采用产品分析、模型验证、压力测试、同业评估等监管手段，保证监管技术能够适应系统重要性银行业务和组织机构日益复杂化的趋势。五是指导并监督系统重要性银行制定恢复和处置计划、危机管理计划，增强系统重要性银行自我保护能力。

5. 加强监管合作。在跨境合作方面，建立对境外监管当局监管能力的评估机制，健全跨境经营系统重要性银行的监管联席会议机制，提高信息交流质量，加强在市场准入、非现场监管、现场检查以及危机管理方面的合作。在跨业合作方面，在国务院统一领导下，监管部门将加强与人民银行、证券监管部门、保险监管部门的协调配合，构建"无缝式"金融监管体系，改进对银行集团非银行业务的风险评估。

四、深入推动新资本协议实施工作

对资本和风险加权资产进行科学计量与评估是新监管标准实施的基础。银行业金融机构应按照"《新资本协议》与《第三版巴塞尔协议》同步推进，第一支柱与第二支柱统筹考虑"的总体要求，从公司治理、政策流程、风险计量、数据基础、信息科技系统等方面不断强化风险管理。2011 年，监管部门将修订《资本充足率管理办法》。银行业金融机构应根据新的《资本充足率管理办法》中确立的相关方法准确计量监管资本要求，全面覆盖各类风险；同时，构建全面风险管理框架，健全内部资本评估程序，强化银行业稳健运行的微观基础。

对于表内外资产规模、国际活跃性以及业务复杂性达到一定程度的银行业金融机构，应根据新的监管要求，实施《新资本协议》中的资本计量高级方法。目前已完成了一轮预评估的第一批实施银行应当在已经取得的良好成就基础上，根据评估意见积极整改第一支柱实施的主要问题，并积极推进第二支柱和第三支柱建设，争取尽快申请正式实施。其他根据监管要求应当实施高级方法或自愿实施的银行业金融机构，应加强与监管部门的沟通，尽早制订实施规划方案。

对于其他不实施资本计量高级方法的银行业金融机构，应从 2011 年底开始在现有信用风险资本计量的基础上，采用新的《资本充足率管理办法》要求的标准方法，计量市场风险和操作风险的监管资本要求；并按照第二支柱相关要求，抓紧建立内部资本充足评估程序，识别、评估、监测和报告各类主要风险，确保资本水平与风险状况和管理能力相适应，确保资本规划与银行经营状况、风险变化趋势和长期发展战略相匹配。2016 年底前，所有银行业金融机构都应建立与本行规模、业务复杂程度相适应的全面风险管理框架和内部资本充足率评估程序。

五、工作要求

新监管标准实施是事关全局的长期系统工程，银行业金融机构要准确理解新监管标准的实质，充分认识实施新监管标准的意义，加强配合，积极稳妥地做好新监管标准实施的各项准备工作。

（一）制定配套监管规章

为保证新监管标准如期实施，2011 年监管部门将修订完善《商业银行资本充足率管理办法》，以及流动性风险监管、系统重要性银行监管相关政策，为新监管标准的实施奠定基础。同时，大力开展新监管标准的培训和宣传工作，分期、分批地开展各级监管人员和银行业金融机构中高层管理人员的培训工作，为新监管标准实施打造有利的舆论环境和广泛的人才基础。

（二）加强组织领导

银行业金融机构董事会和高级管理层应高度重视新监管标准实施工作，尽快成立以主要负责人为组长的新监管标准实施领导小组及相应工作机构，统筹规划协调新监管标准实施工作，确保各项工作有序稳步推进。董事会应负责新监管标准实施规划及有关重大政策审批，定期听取高级管理层汇报，对实施准备情况进行监督；高级管理层负责制定新监管标准实施方案并组织实施。

（三）制定切实可行的实施规划

银行业金融机构应根据本指导意见，全面进行差距分析，制定切实可行的新监管标准实施规划。实施规划至少应包括：资产增长计划、资产结构调整方案、盈利能力规划、各类风险的风险加权资产计算方法、资本补充方案、流动性来源、贷款损失准备金补提方案、各类监管指标的达标时间表和阶段性目标。银行业金融机构应在 2011 年底前完成实施规划编制，并报监管部门备案。

（四）调整发展战略积极推动业务转型

谋求经营转型不仅是银行业金融机构持续满足新监管标准的内在要求，而且是在日益复杂经营环境下提高发展质量的必由之路。银行业金融机构要切实转变规模扩张的外延式发展模式，走质量提高的内涵式增长之路。银行业金融机构要在坚守传统业务模式的前提下，在信贷业务的广度和深度上下功夫，提升金融服务效率和信贷质量。一是调整业务结构，制定中长期信贷发展战略，积极调整信贷的客户结构、行业结构和区域结构，实现信贷业务可持续发展。二是强化管理，通过不断优化风险计量工具，完善风险管理政策和流程，健全风险制衡机制，真正提升增长质量。三是创新服务。积极发展网络银行、电话银行、信用卡等渠道拓展业务，扩大金融服务覆盖面，为资产业务提供稳定的资金保障，同时降低经营成本，扩大收入来源。

（五）持续改进风险管理

各银行业金融机构要结合自身经营特点，强化风险管理基础设施，提升风险管理能力。一是完善风险治理组织架构，进一步明确董事会、高管层、首席风险官、风险管理部门和相关业务条线的角色和职能。二是强化数据基础，通过新监管标准实施切实解决国内银行业金融机构长期存在的数据缺失、质量不高问题。三是积极开发并推广运用新型风险计量工具，提高风险识别能力和风险计量准确性。四是强化 IT 系统建设，为风险政策制定和实施、风险计量工具运用及优化奠定基础。五是强化内部控制和内部审计职能，强化与外部审计的合作，共同促进内部制衡机制建设。六是改进激励考核机制，建立"风险—收益"平衡的绩效考核和薪酬制度。银行业金融机构要高度重视所面临的突出风险，包括地方融资平台、房地产贷款、经济结构调整潜在的重大信用风险，积极探索系统性风险和个体风险相结合的风险管理模式，在此基础上建立健全资本评估程序，确保资本充分覆盖各类风险。

（六）加强对新监管标准实施的监督检查和跟踪评估

从今年开始，监管部门要将商业银行新监管标准实施准备情况以及实施进展纳入日常监管工作，对各行新监管标准实施规划执行情况进行监督检查，对新监管标准实施规划执行不力的银行业金融机构采取相应监管措施。过渡期内，监管部门将持续监测银行业金融机构各类监管指标的水平及变化趋势，深入评估新监管标准实施对银行业金融机构经营行为、信贷供给以及宏观经济运行的影响。各银行业金融机构应指定专门部门负责分析执行新监管标准的效应及存在的问题，并及时报送监管部门，配合做好新监管标准的完善和实施工作。

请各银监局将本意见转发至辖内银监分局和银行业金融机构。

二〇一一年
四月二十七日

附录 D　中国人民银行
中国银行业监督管理委员会

关于进一步做好支持节能减排和淘汰落后产能金融服务工作的意见

中国人民银行上海总部，各分行、营业管理部、省会（首府）城市中心支行、副省级城市中心支行；各省、自治区、直辖市银监局；国家开发银行、各政策性银行、国有商业银行、股份制商业银行；中国邮政储蓄银行：

为了全面落实 2010 年 5 月 5 日国务院节能减排工作电视电话会议精神和《国务院关于进一步加大工作力度确保实现"十一五"节能减排目标的通知》（国发〔2010〕12 号），全力支持节能减排工作，促进淘汰落后产能，确保实现"十一五"节能减排目标，现就做好金融服务有关工作提出如下意见：

一、要把金融支持节能减排和淘汰落后产能工作摆在更加突出的位置，切实抓好政策贯彻落实

大力推进节能减排和淘汰落后产能，是加强经济结构调整、加快经济发展方式转变的重要抓手，是全面落实科学发展观、坚持走新型工业化道路的内在要求，是建设资源节约型和环境友好型社会、切实提高经济增长的质量和效益、促进经济社会又好又快发展的关键所在。银行系统要深入学习领会《国务院关于进一步加大工作力度确保实现"十一五"节能减排

目标的通知》和国务院节能减排电视电话会议精神，把全面做好支持节能减排和淘汰落后产能金融服务工作作为当前金融工作的一项重要任务和长期制度性安排，高度重视，服务大局，明确责任，求真务实，扎扎实实地抓好政策贯彻落实工作。要切实增强工作的责任感和紧迫感，结合各自部门职责，抓紧研究制定更加符合实际的有效措施，有针对性地进一步优化信贷管理，加强信贷结构调整，有保有压，把支持节能减排和淘汰落后产能作为加强银行审贷管理的重要参照依据，合理配置信贷资源，充分发挥金融的功能作用，确保实现"十一五"节能减排和淘汰落后产能的目标。

二、加强信贷政策指导和督导检查力度，坚决打好金融支持节能减排和淘汰落后产能攻坚战

人民银行各省级分支机构要会同所在地银监局精心制订工作方案，认真组织辖区内各银行业金融机构，按照《国务院关于进一步加大工作力度确保实现"十一五"节能减排目标的通知》等国家节能减排政策要求，抓紧对辖区内节能减排和淘汰落后产能项目信贷和融资情况进行一次全面、深入的摸底排查，以人民银行分支机构与银监局联合发文的形式于 2010 年 6 月 30 日前将摸底排查情况报告人民银行和银监会。人民银行和银监会将择机选取部分有代表性的省（区、市），就各银行业金融机构节能减排和淘汰落后产能的贷款摸底排查情况进行重点核查和督导检查。人民银行各省级分支机构要牵头抓紧全面梳理辖区内银行系统支持节能减排和淘汰落后产能的法规和政策规定，及时研究制定更有针对性的信贷政策措施，区别对待，有保有压，加强宏观信贷政策指导，积极督促和引导各银行业金融机构进一步优化信贷结构，更好地支持节能减排和淘汰落后产能。要注重加强辖区内信贷政策与国家产业政策、环境保护政策等宏观经济政策的协调配合，加强政府相关部门之间的信息沟通交流和政策协调合作，注重配合政府加强对借款人、纳税人、债务人的监督约束，对失信者实施黑名单制度，惩戒失信行为，增强政策合力，切实提高信贷政策的针对性和导向力。

三、进一步加强和改进信贷管理，从严把好支持节能减排和淘汰落后产能信贷关

各银行业金融机构要根据国家金融宏观调控要求和支持节能减排、淘汰落后产能的相关政策精神，以法人为单位抓紧对系统内信贷管理制度进行一次系统梳理和必要的调整完善，要结合自身业务范围和所在区域经济特点，制定详细的和可操作的授信指引、风险清单和相关信贷管理要求。各银行业金融机构董事会要切实承担起风险管理责任，制定具有明确"触发点"的风险防范化解预案，确保及时有效处置相关风险，严防风险积累。在审批新的信贷项目和发债融资时，要严格落实国家产业政策和环保政策的市场准入要求，严格审核高耗能、高排放企业的融资申请，对产能过剩、落后产能以及节能减排控制行业，要合理上收授信权限，特别是涉及扩大产能的融资，授信权限应一律上收到总行；要把信贷项目对节能和环境的影响作为前期审贷和加强贷后管理的一项重要内容，进一步明确和落实信贷管理责任制，层层抓落实，严把节能减排和淘汰落后产能信贷关。对不符合国家节能减排政策规定和国家明确要求淘汰的落后产能的违规在建项目，不得提供任何形式的新增授信支持；对违规已经建成的项目，不得新增任何流动资金贷款，已经发放的贷款，要采取妥善措施保全银行债权安全。对国家已明确的限批区域、限贷企业或限贷项目，实施行业名单制管理制度，将存在重大违法违规行为、存在节能减排和安全等重大潜在风险、国家和各地重点监控的企业（项目）列入名单，实行严格的信贷管理。地方性银行业法人金融机构要从严审查和控制对"五小"企业及低水平重复建设项目的贷款。2010 年 6 月 30 日前，各银行业金融机构要对各自法人系统内贯彻落实国家节能减排和淘汰落后产能政策情况、特别是落实《国务院关于进一步加大工作力度确保实现"十一五"节能减排目标的通知》和《国务院关于进一步加强淘汰落后产能工作的通知》（国发〔2010〕7 号）的情况进行一次认真自查，并将自查报告报人民银行和银监会。对于违规发放的贷款，要按照"谁审批、谁负责"的原则，依法

追究相关机构和人员的责任，并视情节给予相应处罚。

四、多方面改进和完善金融服务，积极建立健全银行业支持节能减排和淘汰落后产能的长效机制

各银行业金融机构支持节能减排和淘汰落后产能，要严防"一刀切"。在对违规贷款坚决从严控制的同时，要积极加大对合规项目的合理信贷支持，不断建立和完善银行业支持节能减排和淘汰落后产能的长效机制，大力支持培育新的经济增长点。对列入国家重点节能技术推广目录的项目、国家节能减排十大重点工程、重点污染源治理项目和市场效益好、自主创新能力强的节能减排企业，要积极提供银行贷款、发行短期融资券、中期票据等融资支持。积极鼓励银行业金融机构加快金融产品和服务方式创新，通过应收账款抵押、清洁发展机制（CDM）预期收益抵押、股权质押、保理等方式扩大节能减排和淘汰落后产能的融资来源。支持加快推进合同能源管理，大力发展服务节能产业。全面做好中小企业、特别是小企业的节能减排金融服务。发挥好征信系统在促进节能减排和淘汰落后产能方面的激励和约束作用。鼓励在风险可控的前提下开展境内外并购贷款，支持国内企业引进先进技术和通过兼并重组淘汰落后产能。积极拓宽清洁发展机制项目融资渠道，支持发展循环经济和森林碳汇经济。在有条件的地区，探索试行排放权交易，发展多元化的碳排放配额交易市场。鼓励银行业金融机构设置专门岗位和安排专职人员，加强对节能减排和淘汰落后产能行业发展趋势和信贷项目管理的深层研究。

五、密切跟踪监测并有效防范加大节能减排和淘汰落后产能力度可能引发的信贷风险

各银行业金融机构要全面掌握国家产业规划和宏观调控政策，密切关注节能减排政策动向，严密跟踪监测和分析可能提前暴露的风险，提高对有关风险的预判力和应对前瞻性。对产业结构调整、发展方式转变和节能减排等工作开展过程中可能提前暴露出来的信贷风险，各银行业金融机构要严格进行风险分类，该降为不良贷款的要及时坚决调整到位并相应提足

拨备，大力加强核销和处置工作。人民银行各分支机构、银监会各派出机构要充分利用现有信息系统和风险预警系统，加大持续风险提示的工作力度；充分发挥银行业协会的作用，引导银行业金融机构建立相关的统计信息共享机制和平台，增强风险预警防控的合力。

六、加强多部门政策协调配合，扎实做好政策实施效果动态监测和评估工作

人民银行各分支机构和银监会各派出机构要加强与所在地的发展改革部门、工业和信息化部门、环境保护部门等政府职能部门的信息沟通和政策协调，进一步完善节能减排和淘汰落后产能信息的交流和共享机制，增强银行业金融机构对政策风险、信贷风险的识别和应对能力。要积极配合做好国家产业政策、环保政策的宣传解释工作。各银行业金融机构要积极探索建立和完善金融支持节能减排及淘汰落后产能的专项统计制度，加强基础数据信息统计和风险动态监测分析。银监会各省级监管局要将辖区银行业金融机构发放的支持节能减排和淘汰落后产能的贷款作为今后实施现场检查的重点内容，对风险突出的地区和违规问题集中的银行基层金融机构加大专项执法检查力度。人民银行各省级分支机构要结合辖区实际情况，积极开展金融支持节能减排和淘汰落后产能的信贷政策导向效果评估，并将评估结果及时报告和披露。

请人民银行各省级分支机构会同所在地银监局将本意见尽快转发至辖区内各银行业金融机构，并协调抓好政策贯彻实施工作。政策实施过程中遇到的新情况、新问题，要及时向人民银行和银监会报告。

中国人民银行
中国银行业监督管理委员会
二〇一〇年五月二十八日